Fundamentos Cristianos

Lecciones, debates y conversaciones

Kent Philpott

EVM

Earthen Vessel Publishing
San Rafael, CA

Fundamentos Cristianos
Lecciones, debates y conversaciones

Todos los derechos reservados por
Kent A. Philpott © 2025

Publicado en 2025 por Earthen Vessel Publishing
San Rafael, CA 94903
www.earthenvesselmedia.com

Edición en español ISBN: 978-1-946794-30-7
Número de control de la Biblioteca del Congreso: 2025943570

Diseño de portada y libro por Katie L. C. Philpott
Asistencia de traducción: Rocio Calderon

Ninguna parte de esta publicación puede ser reproducida, almacenada en un sistema de recuperación o transmitida en ninguna forma ni por ningún medio, electrónico o mecánico, incluyendo fotocopias, grabaciones o cualquier sistema de recuperación de información, sin el permiso escrito del autor o del editor, excepto por un revisor que desee citar breves pasajes en relación con una reseña escrita para su inclusión en una revista, periódico, sitio de Internet o transmisión.

Todas las citas bíblicas, salvo indicación contraria, son tomados y traducidos de la Santa Biblia, Versión Estándar Inglesa® (ESV®), copyright © 2001 por Crossway Bibles, una editorial de Good News Publishers. Usada con permiso. Todos los derechos reservados. Traducción de Google Translate

Dedicado a todos los que buscan
las verdades de Dios.

Contents

Introducción al libro	1
Las Lecciones basicas	
El Dios que se revela	
El Dios de la Biblia	6
Revelación	9
Sagrada Escritura	13
El Antiguo Testamento	16
El Nuevo Testamento	20
Cómo obtuvimos la Biblia	26
Las grandes paradojas de la Biblia	30
Las lecciones básicas	
Los grandes temas de la Biblia	
Elección	36
Presencia	41
Descanso	45
La paz	49
Los dos Mesías	52
El juicio	56
La persecución y el triunfo de la Iglesia	62
Las lecciones básicas	
La Iglesia y la vida cristiana	
La Iglesia	69
La ética cristiana	75
La vida cristiana	79

La historia de la Iglesia ... 87
Debates y conversaciones
  Debates extramuros
    Debates extramuros: Introducción ... 91
    La exclusividad de Jesús ... 93
    La autoridad de las Escrituras ... 95
    El cielo y el infierno ... 98
    Matrimonio entre personas del mismo sexo ... 100
Debates y conversaciones
  Conversaciones intramuros
    Conversaciones intramuros: Introducción ... 107
    El aborto ... 108
    El bautismo y la Cena del Señor ... 110
    El gobierno de la Iglesia ... 114
    El divorcio y nuevo matrimonio ... 119
    El ecumenismo ... 123
    Los escenarios del fin de los tiempos ... 125
    Los dones del Espíritu Santo ... 129
    La música en la Iglesia ... 132
    Los orígenes ... 135
    Política y Guerra ... 138
    Teologías reformadas vs. Arminianas ... 140
    Las mujeres en la Iglesia ... 143
    Nota final ... 146

Introducción al libro

Como cristianos, somos "discípulos", lo que significa que aprendemos del Maestro. Parte de esto implica aprender quién es Dios, leer lo que Jesús enseñó e hizo, y descubrir las doctrinas que encontramos en las Escrituras. Jesús instruyó a sus seguidores: «Por tanto, id y haced discípulos a todas las naciones, bautizándolos en el nombre del Padre y del Hijo y del Espíritu Santo, enseñándoles a obedecer todo lo que os he mandado» (Mateo 28:19-20).

Dios ha provisto los medios para que este aprendizaje se logre y las razones por las que es tan importante. Encontramos esto en Efesios 4:11-14:

Y él constituyó a unos, apóstoles; a otros, profetas; a otros, evangelistas; a otros, pastores y maestros, a fin de capacitar a los santos para la obra del ministerio, para la edificación del cuerpo de Cristo, hasta que todos lleguemos a la unidad de la fe y del conocimiento del Hijo de Dios, a un varón perfecto, a la medida de la estatura de la plenitud de Cristo; para que ya no seamos niños, llevados por las olas y llevados de aquí para allá por todo viento de doctrina, por astucia humana, por artimañas engañosas.

Este aprendizaje es un proceso que dura toda la vida y forma parte de la alegría de ser seguidor de Jesús. Todo comienza con el nuevo nacimiento. Así como existe un proceso de maduración física que se extiende desde la infancia hasta la muerte, también existe un proceso espiritual similar. Lo abordamos poco a poco, pero debe ser deliberado y enfocado. Hay una razón por la que la Iglesia, a lo largo de los siglos, ha mantenido escuelas donde se enseña a los nuevos cristianos la riqueza de sus teologías.

Fundamentos Cristianos es precisamente eso; es donde empezamos, donde sentamos los cimientos sobre los cuales edificar. Pablo escribió estas palabras a su discípulo Timoteo: «Procura con diligencia presentarte a Dios aprobado, como obrero que no tiene de qué avergonzarse, que usa bien la palabra de verdad» (2 Timoteo 2:15).

La Sección Uno comprende los Fundamentos Cristianos, divididos en tres partes. La Parte Uno se titula "El Dios que se Revela" y consta de siete lecciones que forman la base de la Parte Dos, "Los Grandes Temas de la Biblia", que consta de cinco lecciones que describen temas bíblicos centrales. La Parte Tres, "La Iglesia y la Vida Cristiana", contiene cuatro lecciones.

La Sección Dos se titula "Debates Extramuros y Conversaciones Internas". Los cuatro debates son las doctrinas centrales del cristianismo y sin las cuales no existe un cristianismo esencial y bíblico. Las doce conversaciones abordan temas en los que los cristianos a menudo discrepan, a veces con vehemencia.

No hay dos cristianos que estén de acuerdo en todo, pero todos concuerdan en doctrinas clave, cuyos puntos se resumen en el Credo de los Apóstoles. De hecho, es saludable que el cristianismo no sea una institución autoritaria y estandarizada. Reconocemos las tres ramas fundamentales de la Iglesia: la ortodoxa oriental, la católica romana y la protestante, además de algunos grupos interesantes que no se identifican con ninguna de las anteriores. A pesar de las diferencias, todos nos adherimos al Dios Trino, autor de nuestra Santa Biblia, quien proporcionó el único medio de salvación en nuestro redentor, el Señor Jesucristo. A esta Santísima Trinidad debemos nuestra devoción y alabanza.

Sección I:

Las Lecciones basicas

Parte I:

El Dios que se revela

Lección uno

El Dios de la Biblia

Nota: La Biblia no está organizada como un libro de teología sistemática. La información sobre el Creador, el Hacedor del cielo y la tierra, está dispersa desde Génesis hasta Apocalipsis. Dios se revela y se define a sí mismo en sus palabras y obras. Nuestra metodología consiste en reunir las piezas de la autorrevelación de Dios bajo temas generales. Estos serán la soberanía, la santidad y la triunidad de Dios.

A.   El Dios Creador es Soberano

1. Soberano significa que el Dios revelado en las Escrituras es todopoderoso. Ha hecho y hará lo que le place.

2. Dios es omnipotente o todopoderoso. Dios es omnisciente o omnisciente. Dios es omnipresente o omnipresente.

3. No hay nada superior ni más allá de Dios. No tiene igual.

4. Dios es infinito, inmaterial, invisible, eterno, autoex-

istente, trascendente, inmanente, inmutable, Espíritu, amor, Persona y mucho más de lo que se puede expresar con palabras. (Habrá cierta superposición en los significados de algunos de

5. Examinar: Génesis 1:1, 1:27; Éxodo 3:14; Juan 1:14, 4:24; Isaías 55:9; 1 Juan 4:8; 1 Timoteo 6:16.

B. El Dios Creador es Santo

1. Santo significa apartado

2. Santo significa sin pecado; el pecado es aquello que no está de acuerdo con la naturaleza de Dios; es la violación de la Ley de Dios revelada en las Escrituras. Las palabras "transgresión" e "inequidad" son sinónimos cercanos de pecado, pero difieren ligeramente.

3. Santo significa perfección.

4. Porque Dios es santo, también es justo y recto. Dios actúa con rectitud y justicia hacia su creación. Él es el Juez de toda la humanidad. Dios juzgará el pecado. Jesús, el Hijo de Dios, es nuestra justicia.

5. Examine Éxodo 3:1-6; Habacuc 1:13; Mateo 5:48; Hebreos 7:26; 1 Pedro 1:13-16, 2:24; Romanos 3:10, 6:23; 1 Corintios 15:3; y 2 Corintios 5:21.

C. El Dios Creador es Trino

1. Dios es una unidad —una unidad de tres—, una Trinidad.

2. La Ley afirma que Dios es uno, lo cual es el fundamento del monoteísmo, y que la unidad es una unidad de tres

3. En Génesis 2:24 y Deuteronomio 6:4, la palabra "uno" es echad.

a. «Por tanto, dejará el hombre a su padre y a su madre, y se unirá a su mujer, y serán una sola carne» (Génesis 2:24).

b. «Escucha, Israel: El Señor nuestro Dios, el Señor uno es» (Deuteronomio 6:4).

4. Al combinar la información sobre Dios en ambos pasajes, es evidente que Adán y Eva juntos eran una echad y Dios es un echad. Dios es un echad: una trinidad o tres en uno. Que Dios se revele como Padre, Hijo y Espíritu Santo no es, entonces, una expresión de tres deidades. He aquí una clara visión de una paradoja, de las cuales hay muchas en las Escrituras. La trinidad es una y tres, tres y uno.

5. Examine Génesis 1:2, 1:26, 11:7; Isaías 7:14, 9:6, 63:10; Mateo 28:19; Lucas 3:21-22; Juan 10:30, 14:8-9; 1 Corintios 2:11; 2 Corintios 13:14; Efesios 2:18; y 1 Pedro 1:2.

Lección dos

Revelación

La revelación es la acción de Dios para darse a conocer. La Palabra de Dios es la cúspide de la revelación divina, tanto Jesucristo —la Palabra viva— como la Biblia —la Palabra escrita de Dios. Algo puede estar oculto o revelado. Dios ha elegido revelarse en lugar de estar oculto.

El conocimiento de Dios existe solo en la medida en que Dios se ha revelado. El escritor de Hebreos habla de esto:

> Dios, habiendo hablado muchas veces y de muchas maneras en otro tiempo a nuestros padres por los profetas, en estos últimos días nos ha hablado por el Hijo (Hebreos 1:2a).

Dios es más imponente y todopoderoso de lo que la humanidad puede comprender. Nuestro entendimiento es muy limitado. Por ejemplo, Dios conoce el fin desde el principio, lo que hace posible la profecía. Las profecías sobre el Mesías en el Antiguo Testamento están esparcidas por todo el texto y han demostrado ser exactamente exactas, porque los acontecimientos reales se desarrollaron según lo planeado por Dios.

La profecía no determinó el acontecimiento; Dios, conociendo todas las cosas a la vez, describió con antelación, mediante los profetas, lo que haría. Cualquier cosa menos que esto es un «dios» que desconoce el fin desde el principio; esencialmente, un ídolo y no un Dios.

A. Revelación general y especial

1. La revelación general significa que el conocimiento de Dios es potencialmente común o está disponible para todos los seres humanos. Pablo escribió:

Porque lo que se puede conocer acerca de Dios les es manifiesto, pues Dios se lo manifestó. Porque sus atributos invisibles, es decir, su eterno poder y deidad, se han percibido claramente desde la creación del mundo, en las cosas que fueron creadas. De modo que no tienen excusa. (Romanos 1:19-20)

2. Dios se revela en su creación: las cosas que ha hecho. Además, conocemos a Dios a través de nuestra mente, corazón o conciencia. Aunque este es un tema complejo, la instrucción de Pablo a Tito resume los puntos esenciales:

Para los puros, todas las cosas son puras, pero para los contaminados e incrédulos, nada es puro; sino que tanto su mente como su conciencia están contaminadas. (Tito 1:15)

3. Un ejemplo de la verdad y la realidad de Dios está de alguna manera codificado en nosotros, como un ADN espiritual innato. La conciencia, que significa "con conocimiento", puede ser la forma en que el Creador lo creó. La culpa se relaciona con mayor frecuencia con el comportamiento pecaminoso. Incluso cuando la cultura tolera cierto comportamiento, la conciencia no lo hará.

4. Cierto conocimiento de Dios como Creador es común a todos los seres humanos, pero su naturaleza exacta no es evidente ni uniforme entre los pueblos y tribus de la tierra. Esta es una de las razones por las que existen tantas cosmovisiones religiosas diferentes y contradictorias.

5. La revelación especial significa que existe un conocimiento de Dios que no es común ni está disponible para todos los seres humanos y que debe ser revelado específicamente por Dios mismo.

   a. Como vimos en Hebreos 1:2a, Jesús mismo es esa revelación especial. Este es el tema del prólogo de Juan en Juan 1:1-18. Los versículos clave son:

En el principio era el Verbo, y el Verbo estaba con Dios, y el Verbo era Dios (versículo 1). Y el Verbo se hizo carne y habitó entre nosotros, y vimos su gloria, gloria como del unigénito del Padre, lleno de gracia y de verdad (versículo 14). A Dios nadie le ha visto jamás; el único Dios, que está en el seno del Padre, él lo ha dado a conocer (versículo 18).

   b. La Biblia es el registro de una revelación especial. Esto puede no ser evidente en las primeras etapas de la experiencia cristiana, pero con el paso de los años, la experiencia interior de la Biblia, como Palabra inspirada de Dios, crece y florece.

B. **Revelación objetiva versus subjetiva**

1. La revelación objetiva significa que Dios se ha revelado, independientemente de si se recibe o acepta. Los seres humanos no crean la verdad, por muy sinceros que sean sus conceptos e ideas.

2. La revelación subjetiva es la obra de Dios mediante la cual revela intencionalmente a su Hijo Jesucristo a una persona por medio del Espíritu Santo. Esta revelación se vuelve personal.

3. La revelación subjetiva resalta la obra del Dios Trino. Dios Padre es el autor de todo lo revelado; Él revela a su Hijo mediante la obra interna del Espíritu Santo en la vida, la mente y la conciencia de quienes son regenerados o nacidos de nuevo. Este es un proceso que dura toda la vida y se logra mediante la lectura y la meditación de las Escrituras, la oración, la instrucción de los predicadores y maestros de la Iglesia, y la experiencia diaria de ser un discípulo y seguidor obediente de Jesús.

Lección Tres

Sagrada Escritura

Para los cristianos, las Escrituras integran el Antiguo y el Nuevo Testamento, desde Génesis hasta Apocalipsis.[1]

Juntos, el Antiguo y el Nuevo Testamento conforman lo que se llama la Biblia, palabra griega que significa libro. Escritura significa escritura, pero no cualquier escritura; es una escritura especial, sagrada o inspirada, cuyo autor es el Creador del cielo y la tierra.

Los cristianos creen que el Antiguo y el Nuevo Testamento (contratos, acuerdos o pactos) son inspirados o "inspirados por Dios".

---

1   Los católicos romanos y otros incluyen en su canon de las Escrituras los libros apócrifos. La traducción griega del Antiguo Testamento, comúnmente conocida como la LXX (Septuaginta), incluyó estos libros cuando los eruditos judíos de Alejandría, Egipto, a principios del siglo II a. C., tradujeron la Biblia hebrea al griego. Jerónimo, quien posteriormente tradujo los testamentos hebreo y griego al latín, utilizó la LXX. Así, se incluyeron los libros apócrifos, y esta traducción se convirtió en la edición oficial de la Biblia para los católicos romanos. Siglos después, los protestantes excluyeron estos libros de sus ediciones de la Biblia, ya que los judíos palestinos ortodoxos tampoco los aceptaron en su canon.

Esto es en gran medida una cuestión de fe, pero también de experiencia. Pablo escribió a Timoteo:

> Toda la Escritura es inspirada por Dios y útil para enseñar, para redargüir, para corregir y para instruir en justicia, a fin de que el hombre de Dios sea perfecto, enteramente preparado para toda buena obra (2 Timoteo 3:10-17).

Observe la palabra "inspirada" en griego se traduce como θεόπνευστος (*theopneustos*). "soplada por Dios" o "Dios habló", traducida de una palabra griega que literalmente significa "inspirada por Dios". Pablo se refería a la Biblia hebrea, o al Tanaj, o al Antiguo Testamento, desde Génesis hasta Malaquías, pero por extensión al Nuevo Testamento, ya que el Antiguo Testamento apunta hacia la venida del Mesías, Jesucristo. "Inspirada por Dios»" ha sido aplicado por la Iglesia desde sus inicios también al Nuevo Testamento, desde Mateo hasta Apocalipsis.

La Biblia es la revelación objetiva de Dios. Es la verdadera Palabra de Dios, se crea en ella o no. Jesús dijo: «El cielo y la tierra pasarán, pero mis palabras no pasarán» (Lucas 21:33).

Por lo tanto, la Biblia es la única autoridad del cristiano para la fe y la práctica, es decir, para lo que creemos y hacemos.

La Biblia sigue siendo la única autoridad de la Iglesia, aunque ha sido interpretada de diversas maneras. Las doctrinas y la práctica impactan e influyen en la interpretación, sin duda, pero la tradición y la práctica no deben ser la única autoridad para lo que se cree y se practica. Generalmente, solo los protestantes se aferran a esta única fuente de autoridad, ya que las iglesias ortodoxa oriental, católica romana y anglicana (episcopal en Estados Unidos) consideran como autoridad tanto la tradición (las decisiones de los concilios) como los pronunciamientos de los líderes de la Iglesia.

Determinar qué tiene autoridad debe estar sólidamente arraigado en toda la Escritura. Una buena regla general para determinar la autoridad y la verdad de cualquier doctrina es que debe verse claramente en el Antiguo Testamento, preferiblemente en sus tres partes: la Torá, los Profetas y los Escritos; luego en los Evangelios: Mateo, Marcos, Lucas y Juan; y finalmente, o adicionalmente, en el testimonio de la Iglesia primitiva: en las cartas del Nuevo Testamento, desde los Hechos hasta el Apocalipsis.

Nota: Las doctrinas son puntos de una teología. Teología significa literalmente Dios (theo) más la palabra (logos). Las doctrinas, en conjunto, forman una teología. Se puede observar que la teología de la Escritura contiene varias doctrinas.

No existe un método objetivo para demostrar que la Biblia es inspirada por Dios, aunque varios pasajes así lo declaran. Un documento no puede usarse para demostrar infaliblemente su propia autoridad, lo cual constituye un "argumento cíclico". Que la Biblia es la Palabra inspirada de Dios es una declaración de fe. **Muy por encima de cualquier verificación externa de la Biblia está el testimonio interno del Espíritu Santo.** Aunque es fácil decirlo, no existe una prueba científica que lo respalde, pero los cristianos llegan a una posición sobre las Escrituras con más confianza que la que podría alcanzarse mediante cualquier demostración científica o histórica.

Lección Cuatro

El Antiguo Testamento

El Antiguo Testamento también puede denominarse Torá, Tanaj, Biblia Hebrea o Escrituras Hebreas.

El idioma del Antiguo Testamento es el hebreo, salvo varios pasajes que son arameos. El arameo utiliza el mismo alfabeto semítico, pero es distinto del hebreo.

El Antiguo Testamento, en su estructura tradicional cristiana, consta de treinta y nueve libros, pero el recuento es diferente en una edición del judaísmo. Por ejemplo, las ediciones cristianas de la Biblia cuentan 1 Samuel y 2 Samuel como dos, pero en una edición judía se combinan como Samuel. Lo mismo ocurre con Reyes y Crónicas. En la Biblia hebrea, Crónicas es el último libro, mientras que en las ediciones cristianas el último libro es Malaquías.

Esta lección pretende familiarizar al lector únicamente con la estructura general del Antiguo Testamento. Aprenderlo en profundidad requiere, como mínimo, toda una vida, pero comprender sus fundamentos es fundamental para comprender adecuadamente el Nuevo Testamento.

A. **Las secciones principales**

1. **La Torá,** o **Pentateuco**, se compone de los "Cinco Libros de Moisés": Génesis, Éxodo, Levítico, Números y Deuteronomio. Estos son los primeros cinco libros del Antiguo Testamento.

   a. Las fechas de escritura del Pentateuco son inciertas, pero se sitúan entre los siglos XV y XIII a. C., es decir, aproximadamente entre el 1450 a. C. y el 1250 a. C. Algunos eruditos datan estos libros mucho más tarde, otros incluso antes, pero la fecha precisa de autoría es ambigua y discutible.

   b. Tradicionalmente se dice que el autor es Moisés, pero obviamente la última sección del Deuteronomio no pudo haber sido escrita por Moisés, ya que describe su muerte. Algunos eruditos sugieren que otros escribas, que trabajaron durante muchos siglos, participaron en la preparación final de los libros. Tanto los eruditos liberales como los conservadores coinciden en esto, pero ninguna perspectiva impide la inspiración divina que transforma los libros en Sagrada Escritura.

2. **Los libros históricos** son Josué, Jueces, Rut, 1 Samuel, 2 Samuel, 1 Reyes, 2 Reyes, 1 Crónicas, 2 Crónicas, Esdras, Nehemías y Ester.

   a. Las fechas de estos libros generalmente abarcan desde el siglo XIV hasta el siglo IV a. C.; sin embargo, la fecha de cada libro debe considerarse por separado.

   b. Los autores son poco conocidos, y se han hecho muchas conjeturas, pero en los libros mismos no se menciona ningún autor.

3. **Los libros poéticos y sapienciales {relativos a la sabiduría}** son Job, Salmos, Proverbios, Eclesiastés y Cantar de los Cantares.

   a. Las fechas de estos libros generalmente se ubican entre los siglos X y VIII a. C., es decir, del 900 al 700 a. C.

   b. Los libros fueron escritos principalmente por David, Salomón y otros autores anónimos, pero todos provienen de la comunidad de Israel.

4. **Los libros proféticos** son Isaías, Jeremías, Lamentaciones, Ezequiel, Daniel, Oseas, Joel, Amós, Abdías, Jonás, Miqueas, Nahúm, Habacuc, Sofonías, Hageo, Zacarías y Malaquías.

   a. Las fechas de autoría varían entre el siglo VIII y el IV.

   b. Los autores pueden ser las mismas personas cuyos nombres aparecen en los libros, o el autor puede ser un secretario del profeta mencionado, como en el caso de Jeremías (aunque lo más probable es que Jeremías dictara el contenido).

B.   **Los temas principales**

A lo largo del Antiguo Testamento se encuentran varios temas, todos centrados en quién es Dios, qué ha hecho y qué ha planeado y prometido para su pueblo en el futuro:

1. Dios es creador; no se especifica por qué medios, excepto que Dios tiene el control directo y es soberano.

2. Dios es personal: se comunica con su creación, la cual hizo a su imagen. Estableció límites y actuó con juicio cuando estos fueron violados.

3. Dios es legislador y establece pactos o acuerdos a quienes llama.

4. Dios es santo: está completamente separado del pecado y exige santidad de quienes creó.

5. Dios es firme en su amor por su pueblo y provee un medio para su redención. Sus mandamientos y un sistema de sacrificios son el centro de su plan redentor.

6. Dios envía profetas para advertir y guiar a su pueblo.

7. En el Antiguo Testamento son evidentes dos Mesías: el Mesías hijo de José es el siervo sufriente de Israel, y el Mesías hijo de David es el poderoso rey guerrero.

Lección Cinco

El Nuevo Testamento

El Nuevo Testamento está compuesto por veintisiete libros. La mayoría de estas son letras o epístolas (*epistole* es la palabra en griego para la carta o mensaje). Las epístolas eran más que letras e introducidas en un nuevo tipo de literatura bíblica, ya que se presentaron Doctrinas clave de la fe cristiana. Cuatro de los libros son evangelios o mensajes de buenas noticias. El evangelio o Gospel en inglés es una palabra que significa "buen mensaje". Siguiendo los evangelios viene un libro de la historia conocido como Hechos. Y el último libro de la Biblia, Revelation, es un género diferente en conjunto, siendo un libro apocalíptico, un libro de revelación de lo que había sido oculto.

El Nuevo Testamento está escrito en griego, un griego con palabras muy educadas. Históricamente, hay griego clásico, común o griego koine y griego moderno. Koine es el tipo de griego que encontramos en el Nuevo Testamento.

Esta lección está destinada a familiarizarse con la composición general del Nuevo Testamento. Para muchos, si no la mayoría de los cristianos, se convierte en una fuente rica y constante de inspiración, orientación y aliento.

A. **Las principales secciones**

1. **Los Evangelios son Mateo, Marcos, Lucas y Juan.** Los primeros tres, Mateo, Marca, y Lucas, son referidos como los Evangelios sinópticos, porque tienen una descripción similar de la vida y el ministerio de Jesús. El evangelio de Juan es más un tratamiento teológico de la vida y las enseñanzas de Jesús. Mateo y Juan fueron llamados apóstoles (dos de los doce discípulos originalmente llamados por Jesús); Marcos era el compañero de Pedro, y por lo tanto su evangelio a veces se conoce como el evangelio de Pedro; Y Lucas era el compañero de Pablo. Así, los evangelios fueron escritos por un apóstol o un discípulo de un apóstol.

   a. **Las fechas para la escritura de los Evangelios varían.** Se cree que Marcos fue escrito primero, tal vez ya en el año 50 d. C., pero probablemente más tarde. Los evangelios de Mateo y Lucas pueden estar fechados en los años 60. Como mínimo, estos tres evangelios sinópticos, según la mayoría de los eruditos bíblicos, se escribieron antes de la destrucción de Jerusalén y el Templo en el año 70 d. C.

   b. **No hay manuscritos originales de ningún evangelio existente hoy**, y por lo tanto no hay originales de firma. Ningún apóstol o discípulo de un apóstol firmó un evangelio ni una autoría directamente indicada. La tradición, junto con el análisis bíblico, indica sustancialmente quiénes son los autores. Hay algunos que disputan la autoría y/o las citas, pero generalmente hay un acuerdo consistente sobre ambos.

2. **Siguiendo los Evangelios está el libro de Hechos.** Lucas, quien escribió el Evangelio con su nombre, también escribió Hechos, y la tradición y la detección o el análisis bíblico confirman esto.

   a. Generalmente se afirma que la fecha de redacción de los Hechos es entre el 62 y el 65 d. C. Puesto que ni Lucas ni los Hechos mencionan la destrucción de Jerusalén, ni siquiera la rebelión judía contra Roma que comenzó en el 66 d. C., se supone fácilmente que ambos documentos fueron escritos antes del 66 d.

3. **Las cartas de Pablo** son Romanos, 1 Corintios, 2 Corintios, Gálatas, Efesios, Filipenses, Colossianos, 1 Tesalonicenses, 2 Tesalonicenses, 1 Timoteo, 2 Timoteo, Tito y Filemón.

   a. **Las fechas para estos libros varían mucho**, desde aproximadamente el 49 d. C. para Gálatas, probablemente la primera letra que Pablo escribió, a las dos cartas a Timoteo que pueden salir con el 65 d. C. o un poco más tarde. Hay un debate continuo sobre las fechas de las cartas de Pablo. El contenido de la conversación que los involucra es complejo.

   b. **La autoría de las trece cartas** anteriores se atribuye en general y tradicionalmente a Pablo. Las cartas a Timoteo son cuestionadas más que las otras.

4. **La carta a los Hebreos.**

   a. Se desconoce la fecha para los Hebreos, pero probablemente se escribió antes de la destrucción del templo en Jerusalén en el año 70 d. C. Se cree que tal evento habría sido al menos mencionado en Hebreos.

b. Se desconoce el autor de Hebreos. Antes de las últimas décadas, se acredita tradicionalmente a Pablo, pero los problemas estilísticos impiden la autoría de Pablo. Los estudiosos han propuesto que el autor sea de diversas Bernabé, Apolos, Silas y Aquila y Priscila, entre otros. Hebreos es el mejor ejemplo de escritura griega pulida en el Nuevo Testamento.

5. **Jacobo (o Jaime)**

    a. **El autor es probablemente Jacobo, el medio hermano de Jesús**, que se menciona en los Evangelios y Hechos. Se convirtió en el primer pastor de la Iglesia de Jerusalén y dirigió el Concilio de Jerusalén como se registra en Hechos 15.

    b. **La fecha de Jacobo podría ser tan pronto como el 45 d. C.**, por lo que posiblemente sea el primer documento cristiano. Jacobo murió en el 62 d. C.

6. **1 y 2 Pedro**

    a. La autoría de 1 Pedro debate pero está bastante bien acordada. En la oración inicial, 1 Pedro 1: 1, el autor se identifica a sí mismo como Pedro y afirma que era testigo ocular de los sufrimientos de Jesús. Lo mismo es cierto para 2 Pedro, que tiene un caso aún más fuerte para la autoría de Pedro que 1 Pedro. Tradicionalmente, ambas cartas se atribuyen a Pedro, pero el debate sobre ambas cartas probablemente continuará.

    b. La fecha de 1 Pedro puede ser el 62 o 63 d. C. La mayoría de los estudiosos están de acuerdo en que Pedro murió durante el gobierno de Nerón, 54-68 d. C., y probablemente, según la tradición, murió por Crucifixión, que él mismo solicitó que se hiciera al revés, en cualquier lugar del 64 a 67 años.

7. **Judas**

   a. El autor es hermano de Santiago y medio hermano de Jesús. Existe poca discrepancia sobre su autoría.

   b. Existe una gran similitud entre Judas y 2 Pedro, y se estima que la fecha de Judas es cercana a la de 2 Pedro, es decir, alrededor del año 65 d. C.

8. **1, 2 y 3 Juan y el Apocalipsis**

   a. El autor de los cuatro libros, las tres primeras cartas, es el apóstol Juan. La autoría de 3 Juan es objeto de debate, pero la tradición se mantiene firme. Se dice que el autor de 2 y 3 Juan es "el anciano", y probablemente este anciano sea Juan. En el prólogo del Apocalipsis, capítulo 1 y versículo 1, el escritor afirma ser Juan. Hay pruebas contundentes de que las tres cartas y el Apocalipsis fueron escritos por Juan en la década de 1990.

B. **Los Temas Principales del Nuevo Testamento**

   1. El Verbo, que es Dios, se hizo carne y habitó entre la gente.

   2. El Verbo, o Logos, es Jesús de Nazaret, nacido de la Virgen María en Belén. Este acontecimiento marca el inicio de la designación, d. C. o Anno Domini («año del Señor») tras el nacimiento del Señor.[1]

---

[1] El sistema de datación tiene una falla: Jesús nació antes de la muerte de Herodes el Grande, quien falleció en el año 4 a. C. Probablemente, Jesús nació alrededor del año 6 a. C. según nuestro sistema de datación actual.

3. Jesús es descendiente directo de Abraham, Isaac y Jacob, luego de la tribu de Judá, hijo de Jacob, y también de la tribu del rey David, cumpliendo así las profecías anunciadas para el Mesías.

4. Jesús es el Cristo, siendo «Cristo» la forma griega del hebreo «Mesías», que significa Mesías o ungido. Llamó a sus discípulos, les enseñó durante un período de tres a cinco años, sanó a los enfermos, expulsó demonios, resucitó a los muertos, dominó la naturaleza, multiplicó la materia orgánica y luego fue traicionado, arrestado, condenado y crucificado, todo ello de acuerdo con la profecía del Antiguo Testamento.

5. Jesús resucitó un Domingo, se apareció a sus discípulos durante cuarenta días y luego ascendió al cielo, de donde había venido.

6. Jesús estableció su Iglesia, a la cual prometió regresar al fin de los tiempos.

Lección Seis

Cómo obtuvimos la Biblia

La Biblia fue escrita por seres humanos: personas reales, no ángeles ni ningún otro ser espiritual.

A.   Entendimientos generales

1. Dios eligió e inspiró a personas imperfectas para escribir su Palabra. Por lo tanto, decimos que la Biblia es inspirada por Dios, o inspirada por Dios, y esta creencia es un artículo de fe, no un hecho empíricamente comprobado.

2. We distinguish between the living Word, who is Jesus, and the written Word, which is the Bible.

3. Una comprensión vital de la Biblia es que es un documento "oriental" y no "occidental". Esto significa que la Biblia difiere de lo que la mentalidad occidental espera, que es que todo debe coincidir perfectamente sin variación alguna. Ejemplos de esto se encuentran en los Evangelios Sinópticos: Mateo, Marcos y Lucas. Las mismas

historias aparecen en cada uno de ellos, pero difieren en detalles, a veces significativamente. Esto no preocupó a los autores ni a los primeros cristianos durante muchos siglos. Cuando el cristianismo fue absorbido por la mentalidad occidental, algunos escribas intentaron armonizar los Evangelios, pero estas variantes no son aceptadas en las ediciones modernas de las Escrituras. El estudio de la formación del Nuevo Testamento es complejo, pero sumamente interesante. Es una valiosa tarea para todos los cristianos examinar detenidamente los orígenes de su Nuevo Testamento.

4. La Biblia es un libro espiritual, y sin la ayuda del Espíritu Santo nadie puede comprenderla adecuadamente. Pablo lo expresó así: «El hombre natural no percibe las cosas del Espíritu de Dios, porque para él son locura, y no las puede entender, porque se disciernen espiritualmente» (1 Corintios 2:14).

La comprensión y el entendimiento de la Biblia por parte de un cristiano aumentan a medida que la encuentra, la estudia y aprende a amarla.

B. El desarrollo del Antiguo Testamento

1. Los libros de Génesis, Éxodo, Levítico, Números y Deuteronomio fueron los primeros en ser considerados inspirados, ya que su origen se debe a Moisés, el profeta facultado por Dios para liberar a los hijos de Israel de la esclavitud en Egipto y a quien Dios entregó su Ley. Esto no ocurrió de inmediato, pero como ocurre con todos los libros de la Biblia, su aceptación se desarrolló a lo largo de los siglos.

2. Los libros históricos —Josué, Jueces, Rut, 1 y 2 Samuel, 1 y 2 Reyes, 1 y 2 Crónicas, Esdras, Nehemías y Ester—

eran valorados por Israel, pues registraban la historia esencial del pueblo de Dios. Con el tiempo, estos libros también fueron considerados Escrituras Sagradas.

3. Los libros de los profetas, desde Isaías hasta Malaquías, a partir del siglo IX a. C. comenzaron a considerarse Escritura, ya que las palabras que pronunciaron los profetas y que posteriormente se escribieron, provenían de Dios.

4. Los escritos de Job, los Salmos, los Proverbios, Eclesiastés y el Cantar de los Cantares fueron escritos por los grandes reyes de Israel (excepto Job) y por lo tanto, ocupan un lugar especial para Israel.

5. El orden de los libros aceptados como sagrados e inspirados por Dios fue, primero los libros de Moisés, luego los libros históricos, los libros proféticos y finalmente, recién en la era cristiana, los escritos.

C. El Desarrollo del Nuevo Testamento

1. Los libros del Nuevo Testamento se consideraban Escritura desde mediados del siglo II d. C., o 150 d. C. Sin embargo, la formación de los libros básicos fue anterior a esa época. Es difícil determinar, ya que no hubo concilios eclesiásticos en aquellos tiempos para emitir declaraciones definitivas.

2. Los libros escritos por apóstoles o discípulos de apóstoles, como Mateo, Marcos, Lucas y Juan, fueron muy valorados por la Iglesia primitiva, por lo que se recopilaron y utilizaron en iglesias de toda la región mediterránea. A medida que maduraba la generación de cristianos que vivían durante el ministerio de Jesús, se hizo necesario registrar la vida y la obra de Jesús tanto para la enseñanza como para la obra misionera.

3. El Evangelio de Lucas, y especialmente el libro de los Hechos, hicieron de Pablo una figura reconocida, y las iglesias locales comenzaron a recopilar sus cartas y a utilizarlas con fines de discipulado y evangelización. Santiago y Judas encontraron aceptación en la Iglesia primitiva debido a su relación con su medio hermano Jesús, y también, en el caso de Santiago, a su liderazgo en los primeros tiempos de la Iglesia.

D. Canonización

1. La historia del desarrollo del "canon" del Nuevo Testamento es fascinante. En esencia, los libros con conexiones apostólicas fueron fácilmente aceptados, mientras que una miríada de escritos falsos que comenzaron a surgir en los círculos gnósticos fueron rechazados.

2. De forma muy similar al proceso de canonización del Antiguo Testamento, el contenido del Nuevo Testamento creció lentamente, pero a mediados del siglo II, su composición era generalmente aceptada y comprendida.

3. En ambos testamentos, el proceso se suele considerar como una etapa de selección, mediante la cual el Espíritu Santo imprimió en las comunidades fieles qué palabras de Dios eran y cuáles no, fidedignas y autorizadas.

Lección Siete

Las grandes paradojas de la Biblia

paradoja: las partes griegas de esta palabra son «para», que significa «paralelo», como las vías del tren que se encuentran una al lado de la otra pero nunca se encuentran; y «dox», que significa «verdad». En la Biblia, se refiere a dos verdades que son paralelas entre sí pero nunca se encuentran, aunque desearíamos que así fuera. Y como las paradojas no pueden resolverse, nos generan inquietud, una tensión que nos obliga a considerar ambas como verdaderas a la vez.

No es posible delinear y explicar a fondo las numerosas paradojas que descubrimos en las Escrituras, ni examinar todos los pasajes bíblicos que se relacionan con las paradojas presentadas en esta lección. Ya hemos observado una de las paradojas más significativas de la Biblia: la de los dos Mesías: el Mesías hijo de José y el Mesías hijo de David. El siervo sufriente de Israel y el poderoso rey guerrero son muy diferentes, pero ambos son verdaderos a la vez.

A. **La doble naturaleza de Jesús**

1. Jesús es Dios y hombre a la vez. Negar uno u otro alteraría drásticamente el núcleo central del mensaje del Evangelio.
2. Como Dios, Jesús es el Cordero de Dios perfecto e inmaculado, que proveyó la expiación por el pecado en su muerte. Como hombre, Jesús muere, recibiendo sobre sí nuestro pecado, culpa y juicio.
3. Pasajes relevantes: Génesis 3:15; Salmo 22; Isaías 7:14, 9:6, 53:1–12; Filipenses 2:5–11; Colosenses 1:15–20.

B. **La doble naturaleza de la Biblia**

1. La Biblia fue escrita por personas falibles.
2. La Biblia fue escrita o inspirada por Dios, quien no es falible.
3. En la Biblia observamos esta dualidad; vemos la mano de Dios y la mano de los seres humanos.
4. Pasajes relevantes: 2 Timoteo 3:16–17; 2 Pedro 1:19–21.

C. **La paradoja de la oración**

1. Dios conoce nuestras necesidades antes de que se las pidamos.
2. Debemos orar a pesar de todo.
3. Pasajes relevantes: Mateo 6:8, 7:7; Romanos 8:26; Filipenses 4:6; Hebreos 4:16.

D. **La paradoja de la resurrección**[1]

1. Resucitaremos en la segunda venida de Cristo.
2. Al morir, estamos en la presencia de Dios.

---

1 Algunos, como C. S. Lewis, resuelven esta paradoja al considerar que cuando una persona muere, abandona los límites del tiempo cronológico y entra en el tiempo de Dios, kairos, lo que hace que ambos lados de la paradoja sean actuales a la vez.

3. Pasajes relevantes: Job 19:25-27; Salmo 49:15; Isaías 25:8, 26:19; Daniel 12:2; Oseas 13:14; Mateo 17:1-13; Lucas 23:43; 2 Corintios 5:1-8; Filipenses 1:23; 1 Tesalonicenses 4:13-18.

E. **La elección de Dios y la necesidad de arrepentirse y creer (también conocida como la paradoja de la gracia versus las obras).**[2]

1. Dios elige para salvación desde la eternidad, antes de la fundación del mundo.

2. Las personas deben arrepentirse y creer.

3. Pasajes relevantes: Juan 3:16, 6:40, 44; Hechos 16:31; Romanos 8:30, 10:9-11, 10:17; Efesios 2:8-9.

F. **El Dios de amor y el Dios de juicio**

1. El Dios de la Biblia, creador del cielo y la tierra, es un Dios de amor.

2. El Dios de la Biblia es un Dios de ira y juicio, tanto dentro como fuera de la historia.

3. Pasajes relevantes: Mateo 25:31-46; Juan 3:16-21, 5:25-29; Romanos 5:8-9; 1 Juan 4:10; Apocalipsis 20:11-15.

G. **Los cristianos están perfecta y completamente perdonados, pero al mismo tiempo son pecadores.**

1. En Cristo nuestro pecado ha sido quitado.

2. Sin embargo, el pecado está en nosotros.

3. Pasajes relevantes: Romanos 5:1, 6:11-14, 7:7-25, 8:1,

---

2 Esta paradoja a menudo se resuelve argumentando que Dios proporciona la capacidad de arrepentirse y creer, y que, por tanto, la salvación no depende de ninguna manera del pensamiento o la acción humana.

33-34, 2 Corintios 5:17; Hebreos 12:1-2; 1 Juan 1:8-2:2.

H. Los cristianos son a la vez libres y esclavos.

1. Somos libres de la muerte y del pecado en Cristo.

2. Somos esclavos de Cristo.

3. Pasajes relevantes: Romanos 6:1-23; Gálatas 2:20, 5:1.

I. La paradoja de la Cena del Señor

1. El pan y la copa son el cuerpo y la sangre de Cristo: el concepto sacramental.

2. El pan y la copa representan el cuerpo y la sangre de Cristo: el concepto de la ordenanza.

3. Pasajes relevantes: Mateo 26:26-29; Juan 1:12, 6:41-59; 1 Corintios 11:23-26.

J. La paradoja del esfuerzo y el descanso

1. En Cristo descansamos de nuestro trabajo.

2. En Cristo nos esforzamos.

3. Pasajes relevantes: Mateo 11:28; Efesios 1:19, 2:6, 2:10, 6:10-18; 1 Corintios 15:10; Colosenses 1:24-29.

Sección I, Continuación:
Las lecciones básicas

Parte 2:
Los grandes temas de la Biblia

Lección ocho

Elección

La doctrina de la elección generalmente establece que Dios mismo es responsable de la salvación de un individuo.

A.   Términos teológicos de las Escrituras

1. Presciencia, predestinación, elección, llamado, justificación, glorificación: estos son la obra de Dios y son los términos que describen las partes o el proceso de nuestra salvación.

For those whom he foreknew he also predestined to be conformed to the image of his Son, in order that he might be the firstborn among many brothers. And those whom he predestined he also called, and those whom he called he also justified, and those whom he justified he also glorified. (Romans 8:29–30)

2. Aunque la palabra "elegido" o "elección" no se encuentra específicamente en este pasaje que describe la obra so-

berana de Dios, es el término perfecto y unificador que lo resume todo.

3. Del Antiguo Testamento hebreo, *baw-khir* es la forma transliterada de la palabra que se traduce como *escoger, escogido o elegido*. Isaías usó el término en 42:1, 45:4, 65:9 y 65:22 para describir a Israel. Israel fue seleccionado por Dios para ser su propio pueblo; el pueblo mismo no eligió a Dios.

4. Del Nuevo Testamento griego, *eklektos* y *ekloge* son las formas transliteradas de las palabras que se traducen como escoger, elegir, seleccionar o elección. Jesús usó *eklektos* en Mateo 24:22, 24:24 y 24:31; también se encuentran pronunciadas por Jesús en Marcos 13:20, 13:22 y 13:27; y también en Lucas 18:7, todos en referencia a aquellos a quienes Dios había escogido.

5. Pablo usó los términos en Romanos 8:33, Colosenses 3:12, 1 Tesalonicenses 1:4, 1 Timoteo 5:21, 2 Timoteo 2:10 y Tito 1:1. Pedro usó los términos en 1 Pedro 1:2 y 6, 1 Pedro 5:13 y 2 Pedro 1:10. Juan usó uno de estos términos en 2 Juan 1 y 13.

6. La elección es cómo Dios nos llama a sí mismo: su conocimiento previo, su predestinación, su llamado, su justificación y su glorificación, todo bajo el gran concepto de la elección.

B. **Respaldo bíblico para la postura reformada**

1. **El Antiguo Testamento** está repleto de ejemplos de elección. Estos pueden considerarse dramas históricos proféticos.

    a. Dios actuó soberanamente al elegir a Abel en lugar de Caín, y Caín fue el primogénito que habría sido el principal heredero de los bienes de Adán. Cabe señalar que, según la tradición antigua de las sociedades humanas primitivas, el primogénito generalmente heredaba los bienes del padre.

b. Noé y su familia fueron elegidos para ser preservados por encima de todos los demás.

c. Abram (posteriormente llamado Abraham por Dios) era un 'abru o hebreo, miembro de un pequeño clan semítico, y fue elegido en lugar de otros. A finales del tercer milenio antes de Cristo, había muchas grandes naciones y guerreros presentes, todos ellos más poderosos e importantes que Abram.

d. Isaac, hijo de Abraham y Sara, era el hijo de la promesa, y aunque era el segundo, fue elegido para estar en la línea del Mesías por encima de Ismael, hijo de Abraham y Agar.

e. Isaac tuvo dos hijos, Esaú y Jacob, y una vez más Jacob fue elegido, aunque Esaú era el primogénito.

f. El Pueblo Elegido de Dios—Israel—fue elegido sobre todas las tribus de la tierra como el pueblo a través del cual vendría el Mesías. Esta es una elección de principio a fi.

2. **El Nuevo Testamento** continúa el tema de la elección del Antiguo Testamento. Los siguientes pasajes lo demuestran:

«Porque muchos son llamados, pero pocos escogidos» (Mateo 22:14).

«No me elegisteis vosotros a mí, sino que yo os elegí a vosotros, y os he puesto para que vayáis y deis fruto, y vuestro fruto permanezca; para que todo lo que pidáis al Padre en mi nombre, él os lo conceda» (Juan 15:16).

«Todo lo que el Padre me da, vendrá a mí; y al que a mí viene, no le echo fuera» (Juan 6:37).

«Nadie puede venir a mí si el Padre que me envió no le trae» (Juan 6:44).

Y al oír esto, los gentiles se regocijaban y glorificaban la palabra del Señor; y creyeron todos los que estaban destinados a la vida eterna (Hechos 13:48).

Porque a los que de antemano conoció, también los predestinó para que fuesen hechos conformes a la imagen de su Hijo, para que él fuese el primogénito entre muchos hermanos. Y a los que predestinó, a éstos también llamó; y a los que llamó, a éstos también justificó; y a los que justificó, a éstos también glorificó. (Romanos 8:29-30).

Según nos escogió en Él antes de la fundación del mundo, para que fuéramos santos e irreprensibles delante de Él. (Efesios 1:4).

Pero nosotros siempre debemos dar gracias a Dios por vosotros, hermanos amados por el Señor, porque Dios os ha elegido como primicias para salvación, mediante la santificación por el Espíritu y la fe en la verdad. (2 Tesalonicenses 2:13).

Quien nos salvó y nos llamó con un llamamiento santo, no por nuestras obras, sino según el propósito suyo y la gracia que nos fue dada en Cristo Jesús antes de los tiempos de los siglos (2 Timoteo 1:9).

Y hay muchas más.

C. **Elección incondicional**

1. La elección no es elección si hay condiciones. La salvación sería una recompensa o un salario que se gana, si se exigieran condiciones.

2. No hay gracia si la salvación depende de un ser humano. La gracia es Dios haciendo lo que nosotros no podemos hacer.

3. La elección también está arraigada en la metáfora del nuevo nacimiento, como se describe en Juan capítulo tres. «Os es necesario nacer de nuevo», o, según el griego literal, «os es necesario nacer de lo alto» (véase Juan 3:1-15). Es evidente que no estamos involucrados en nuestro propio nacimiento, excepto por estar allí. No tuvimos nada que ver con la concepción, la gestación ni el nacimiento. Del mismo modo, no estamos involucrados en el nuevo nacimiento. Jesús continuó aclarando que el nuevo nacimiento, que se debe recibir para ver el reino de Dios, era únicamente obra de Dios a través de su Espíritu.

4. Jesús hablaba de la elección incondicional sin usar el término. Juan volvió a mencionar el concepto en su primera epístola: «Todo aquel que cree que Jesús es el Cristo, es nacido de Dios; y todo aquel que ama al Padre, ama al que ha nacido de él» (1 Juan 5:1).

5. Es claro cuál es el orden correcto: primero el nacimiento de Dios, luego la fe. Este es un punto esencial, ya que revela la naturaleza incondicional de la salvación. No podemos creer, no queremos creer, no creemos, sin el nuevo nacimiento.

Lección Nueve

Presencia

La Biblia comienza con Dios creando el universo. En el centro del escenario se encuentran los seres humanos, creados a Su imagen. Imagen: la mayoría de los comentaristas consideran que esta palabra significa que Dios creó a los hombres y mujeres con la capacidad de comunicarse o comulgar con Él. Otra forma de expresar esto es que fuimos creados como alma, como seres espirituales[1], y por lo tanto podemos tener una relación con nuestro Creador.

A.   En Su Presencia

En Génesis 1:28 leemos: «Y los bendijo Dios. Y les dijo: Fructificad y multiplicaos; llenad la tierra y sojuzgadla». Observen las palabras: «Y les dijo Dios». Los primeros humanos, Adán y Eva[2], estaban en presencia de su Creador, conversando con Él.

---

   1   Sólo el ser humano es alma y espiritual; ninguna otra cosa ha sido creada así.

   2   En cuanto a la interpretación literal de Adán y Eva, algunos la interpretarán así, mientras que otros la interpretarán simbólicamente. Algunos de los mejores eruditos con orientación bíblica tienen opiniones muy

No hubo conversación con ninguna otra parte de lo creado por Dios, incluidos los animales.

Luego, en Génesis 2:15-17:

> Tomó, pues, Jehová Dios al hombre y lo puso en el huerto de Edén, para que lo labrara y lo cuidara. Y mandó Jehová Dios al hombre, diciendo: «Sin duda podrás comer de todo árbol del huerto, pero del árbol de la ciencia del bien y del mal no comerás, porque el día que de él comas, ciertamente morirás.»[3]

De nuevo hay una conversación entre Dios y el hombre[4], en este caso, Adán. Unos versículos más adelante, en el capítulo dos, Dios le pide a Adán que nombre a los animales (versículo 19). De nuevo hay una conversación, dejando claro que Dios está presente con el hombre.

Pasando al capítulo tres de Génesis, a lo que siguió después de la Caída, la ruptura del único mandamiento de Dios de no comer del árbol de la ciencia del bien y del mal, encontramos un pasaje que llega al meollo del asunto:

> Y oyeron la voz del Señor Dios que se paseaba por el jardín al fresco del día, y el hombre y su mujer se escondieron de la presencia del Señor Dios entre los árboles del jardín. Pero el Señor Dios llamó al hombre y le dijo: «¿Dónde estás?». Él respondió: «Oí tu voz en el jardín, y tuve miedo, porque estaba desnudo, y me escondí». Él dijo: «¿Quién te hizo saber que estabas desnudo? ¿Has comido del árbol del que te mandé no comer?». El hombre respondió: «La mujer que me diste por compañera me dio del árbol, y comí». Entonces el Señor Dios le

---

diversas. A menudo, los cristianos cambian de opinión sobre este tema con el tiempo. Un punto de vista particular no convierte a nadie en liberal o conservador.

3 Adán y Eva no murieron una muerte física, sino que sufrieron algo peor: experimentaron la separación de Dios, una muerte espiritual.

4 El uso del término "hombre" incluye tanto a hombres como a mujeres.

dijo a la mujer: «¿Qué es lo que has hecho?». La mujer respondió: «La serpiente me engañó, y comí». (Génesis 3:8-13)

Es evidente que Adán y Eva estaban en la presencia de Dios. Sin embargo, debido a su desobediencia, eso cambió.

B.   Al este del Edén – Ya no en la presencia de Dios

El evento más catastrófico que el mundo haya conocido había ocurrido:

> El Señor Dios lo expulsó del huerto del Edén para que labrara la tierra de la que fue tomado. Expulsó al hombre, y al este del huerto del Edén puso querubines y una espada encendida que giraba por todos lados para guardar el camino del árbol de la vida. (Génesis 3:23–24)

Dios y el hombre estaban ahora separados, ya que Dios es santo y ningún pecado puede estar en su presencia. Comenzó la larga historia de la humanidad, la cual se ha caracterizado por nuestra ausencia de su presencia.

La narrativa dominante de las Escrituras es que Dios actúa para traernos de vuelta a su presencia. El punto central de la historia es el Mesías, Aquel cuya obra es abolir el pecado y su poder de separación. El centro de la historia es la cruz y la sangre derramada del Cordero, la única que tiene el poder de cubrir nuestro pecado.

C.   En Su Presencia (una vez más)

La Biblia concluye con los humanos, aquellos redimidos por la sangre del Cordero[5], de regreso a la presencia de Dios, que es la intención última del Creador.

Dos pasajes del Apocalipsis declaran la dramática conclusión de la historia cósmica:

---

5 Era la sangre de los sacrificios animales en el altar la que expiaba o cubría el pecado. «La sangre del Cordero» es la sangre derramada por Jesús, el Cordero sacrificial o Pascual de Dios, que cubre el pecado humano.

Entonces vi un cielo nuevo y una tierra nueva, porque el primer cielo y la primera tierra habían pasado, y el mar ya no existía. Y vi la santa ciudad, la nueva Jerusalén, que descendía del cielo, de Dios, dispuesta como una novia ataviada para su esposo. Y oí una gran voz desde el trono que decía: «He aquí, la morada de Dios está con los hombres. Él estará con ellos, y ellos serán su pueblo, y Dios mismo estará con ellos como su Dios. Enjugará toda lágrima de sus ojos, y ya no habrá muerte, ni habrá más llanto, ni clamor, ni dolor, porque las primeras cosas han pasado.» (Apocalipsis 21:1-4)

Ya no habrá maldición, sino que el trono de Dios y del Cordero estará allí, y sus siervos lo adorarán. Verán su rostro, y su nombre estará en sus frentes. Y ya no habrá noche. No necesitarán luz de lámpara ni de sol, porque el Señor Dios será su luz, y reinarán por los siglos de los siglos. (Apocalipsis 22:3-5)

Lección Diez

Descanso

El concepto de la presencia de Dios y el "descanso" que Él da al creyente están estrechamente vinculados.

A.   El día de descanso: el sábado

Al igual que con la "presencia", también en Génesis se encuentra el gran tema del "descanso". El día de descanso es el séptimo. Durante los primeros seis días, Dios realizó la "obra" de crear, luego, en el séptimo, cesó de trabajar y "descansó"[1].

> Así quedaron terminados los cielos y la tierra, y todo el ejército de ellos. Y en el séptimo día terminó Dios la obra que había hecho, y reposó el séptimo día de toda la obra que había hecho. Y bendijo Dios el séptimo día y lo santificó, porque en él reposó Dios de toda la obra que había

---

1   El "descanso" es lo que hacen los humanos; hablar de Dios como descansando es usar el recurso literario llamado antropomorfismo, es decir, atribuir características humanas. En las Escrituras, no significa que Dios literalmente descansará, sino que cesara de hacer algo, y en cuanto al Génesis, significa dejar de crear.

hecho en la creación. (Génesis 2:1-3)

El cuarto mandamiento de la Ley se refiere al séptimo día, conocido como el día de reposo. Los dos primeros versículos del cuarto mandamiento son: «Acuérdate del día de reposo para santificarlo. Seis días trabajarás y harás toda tu obra, pero el séptimo día es reposo para el Señor tu Dios» (Éxodo 20:8-9).

La palabra "sábado" (del hebreo *shabbat*) significa descanso. Para el pueblo judío, el séptimo día comienza el viernes al atardecer y termina el sábado al atardecer. A lo largo de los siglos, eruditos y rabinos judíos desarrollaron muchas otras leyes para garantizar la correcta observancia del día de reposo.[2]

B. Profecía Histórica Dramática

El descanso sabático es más que una observancia y un mandamiento; es un tema central de la Biblia. Descansar es dejar de trabajar, y dejar de trabajar es mucho más que el descanso físico, ya que descansar en Cristo de la obra de intentar salvarnos es su aspecto central. Descansamos en la obra consumada de Cristo. Dios terminó su obra creadora en el séptimo día, y nosotros dejamos de trabajar para salvarnos confiando en Jesús y en su obra consumada en la cruz. Fue allí donde Jesús murió en nuestro lugar, su sacrificio expiando nuestro pecado.

Ya que nuestro propio trabajo no puede cubrir nuestro pecado, sólo podemos dejar de trabajar y descansar en Cristo.

C. Yo te daré descanso

La frase anterior se encuentra en dos lugares de la Biblia: uno en Éxodo y el otro en Mateo.

Éxodo 33:14 dice: «Mi presencia irá con vosotros **y os**

---

2 La Iglesia primitiva, incluso en el Libro de los Hechos, sustituyó el sabbat judío por el domingo y lo llamó el Día del Señor. Una razón fue que Jesús resucitó de entre los muertos el domingo y también porque los cristianos comenzaron a ser excluidos, o a autoexcluirse, de la observancia tradicional del sabbat en las sinagogas.

haré descansar».

Aquí, las palabras "presencia" y "descanso" se unen. El pasaje es una garantía para Moisés de que el pueblo de Israel, en su peregrinar por el desierto camino a la Tierra Prometida, no estaría solo, sino que Dios estaría con ellos. En medio de sus luchas, tendrán descanso, porque la presencia de Dios estará con ellos.

Mateo 11:28 dice: «Venid a mí todos los que estáis trabajados y cargados, y **yo os haré descansar**»

Jesús pronunció estas palabras. Es una invitación a venir a su presencia: «Venid a mí». Al acercarnos a Él y dejar de trabajar, Él nos dará descanso.

El sábado y el descanso tienen una conexión obvia. Descansar es confiar en que Jesús nos salva por completo sin exigir nada de nuestra parte: desde la membresía en la iglesia, el bautismo, la Santa Cena o cualquier otra buena obra. Esto es lo que significa cuando Jesús exclamó en la cruz: «Consumado es» (Juan 19:30).

D. Gracia y Misericordia

Estos dos conceptos expresan nuestro descanso en Jesús. Es Jesús quien nos da descanso. Pablo lo expresó así: «Porque por gracia sois salvos por medio de la fe; y esto no de vosotros, sino que es don de Dios; no por obras, para que nadie se gloríe» (Efesios 2:8-9).

E. Josué contra Jesús[3]

Josué, lugarteniente de Moisés, fue quien guió al pueblo de Israel a través del río Jordán, conquistó Jericó y los asentó en lo que hoy es el territorio de Israel. Josué les dio descanso. No fue un período permanente ni pacífico, sino un período lleno

---

3   Josué fue el segundo al mando de Moisés y condujo al pueblo de Israel a la Tierra Prometida. Su nombre significa "el que salva". Jesús es el mismo nombre y significa lo mismo; probablemente no sea una coincidencia.

de conflictos y guerras. Más de un milenio después, los romanos conquistaron Israel y lo ocuparon hasta que Jerusalén y el templo fueron destruidos en el año 70 d. C. El escritor de Hebreos contrastó a Josué y Jesús en el capítulo 4, versículos 8-10:

> Porque si Josué les hubiera dado descanso, Dios no habría hablado de otro día después. Así pues, queda un descanso sabático para el pueblo de Dios, pues quien ha entrado en el descanso de Dios también ha descansado de sus obras, como Dios de las suyas

El descanso que Josué obtuvo para Israel no fue completo. En el Salmo 95 hay una clara indicación de esto: «No entrarán en mi descanso» (Salmo 95:11). La historia muestra que Israel no permaneció en la Tierra Prometida. El Israel moderno es una nación secular sin Templo.

Los cristianos descansan en la salvación que Jesús les ha dado y están completamente seguros de este don de gracia que jamás les será arrebatado.

Lección Once

La paz

Descansar en la presencia de Dios es alcanzar la paz. Este descanso se basa en la gracia, que nos llega por elección o elección de Dios. Es enteramente decisión de Dios extender esta gracia, ya que no la merecemos por nada de lo que hayamos hecho o logrado. Por lo tanto, dado que somos absolutamente incapaces de salvarnos a nosotros mismos, es un acto de la misericordia de Dios salvarnos.

A. Paz con Dios

Quizás la expresión más clara y sencilla del significado central de la paz se encuentra en Romanos 5:1:

> Habiendo sido justificados por la fe, tenemos paz con Dios por medio de nuestro Señor Jesucristo.

"Por la fe" necesita una explicación. Pensaremos que la fe es algo que aportamos a la ecuación, o dicho de otro modo, suponemos que somos responsables de la fe. Sin embargo, al recordar Efesios 2:8-9, descubrimos que la fe en sí misma es un don de Dios. Si la salvación no fuera un don, no habría gracia; en cambio, actuaríamos para ganarnos el favor de Dios.

Además, "justificados" significa que Dios ha actuado de tal manera que es como si nunca hubiéramos pecado y nunca más se nos imputará pecado. Contiene la verdad de que todos nuestros pecados —pasados, presentes y futuros— han sido eliminados y que no hay nada más que nos haga culpables ante un Dios santo y justo. Cómo es esto, cómo funciona, no lo sabemos[1]. Es uno de esos misterios en los que Dios obra, y salvo que estemos en su presencia en el cielo, siempre seguirá siendo un misterio.

La paz es con Dios y no con los demás. El conflicto humano es un síntoma de no tener paz con Dios. Hay dos usos distintos de la palabra "paz" en las Escrituras. Uno se refiere a la ausencia de conflicto y el otro al terminar una guerra que existe entre Dios y nosotros. En Cristo, la guerra ha terminado y estamos en paz con Dios. En el reino de Dios se realiza, inaugurado con la segunda venida o regreso del Mesías Jesús, también cesará el conflicto entre personas, grupos o naciones.

Estamos en el mundo, pero no somos de él, y experimentamos muchas guerras y conflictos mientras vivimos en él. Jesús lo expresó así: «Les he dicho estas cosas para que en mí encuentren paz. En el mundo tendrán tribulaciones. Pero tengan ánimo; yo he vencido al mundo» (Juan 16:33).

Jesús venció el pecado al morir en la cruz. Pablo lo expresó así en Colosenses 1:19-20:

Porque a Dios le agradó habitar en él toda la plenitud,
y por medio de él reconciliar consigo todas las cosas,
tanto las que están en la tierra como las que están en los

---

1   Los comentaristas bíblicos han razonado que Dios cubre todos nuestros pecados de una vez, ya que existe fuera del tiempo y del espacio y, por lo tanto, nos trata en un instante, un punto singular fuera del tiempo que abarca todo el tiempo. 1 Juan 1:9 enseña que debemos confesar nuestros pecados constantemente. Aquí encontramos una de las muchas paradojas que se encuentran en las Escrituras.

Fundamentos Cristianos

cielos, haciendo la paz mediante la sangre de su cruz.

La paz con Dios solo se alcanza a través de Jesús. Jesús murió en nuestro lugar, limpiándonos del pecado, y es el pecado el que nos separa de Dios. Una vez que el pecado es eliminado, podemos descansar en la presencia de Dios; esta es nuestra paz. Esta verdad bíblica fundamental está bien explicada por el propio Jesús: «La paz les dejo, mi paz les doy; yo no se la doy como el mundo la da. No se turben ni tengan miedo» (Juan 14:27).

Lección Doce

Los dos Mesías

En realidad, solo hay un Mesías, Jesús, pero en las Escrituras vemos dos imágenes del Mesías. "Cristo" es una transliteración del griego *Christos*, que significa uno ungido por Dios o separado y comisionado por Dios. En hebreo, el mismo significado se encuentra en la palabra *Mashiach*, de la cual deriva la palabra "Mesías". Los reyes de Israel eran ungidos por profetas, lo que los identificaba como reyes. Es muy similar a la idea de una investidura.

En la Biblia hebrea, o el Antiguo Testamento, encontramos dos imágenes del Mesías o Ungido, y son bastante diferentes entre sí. A una se le puede llamar "Mesías hijo de David" y a la otra "Mesías hijo de José".

A.   Mesías, hijo de David

David[1] fue y sigue siendo considerado el rey más grande de Israel, cuyo reinado se considera insuperable por cualquier

---

1   David, hijo de Jesé de Belén-Efrata de Judá, era el menor de ocho hermanos y dos hermanas. Fue el segundo y más grande rey de Israel.

rey posterior, incluso por Salomón su hijo (el "Sabio"). David expandió el territorio de Israel, derrotó a sus enemigos, trajo prosperidad al reino y se ganó el respeto de la nación. Era amado por Dios.

Las profecías mostraban que el Mesías sería descendiente de David y nacería en Belén, la ciudad de David (véase Miqueas 5:2). En Juan 7:42 leemos lo que los oponentes de Jesús dijeron de él: "¿No ha dicho la Escritura que el Cristo viene de la descendencia de David?"[2]. El apoyo a esta afirmación proviene, entre otros, de 2 Samuel 7:12-17, 26 y Salmo 89:3-4. Por lo tanto, se desarrolló entre las tradiciones del pueblo de Israel la comprensión de que, cuando llegara el Mesías, sería como el más grande de los reyes de Israel y descendiente directo de David. Este Mesías llegó a ser conocido como Mesías Hijo de David.

B. Mesías, hijo de José

Este José fue el undécimo hijo de Jacob y el primogénito de Raquel. También fue el hijo predilecto de su padre, quien le entregó la famosa túnica multicolor[3]. Sus hermanos lo odiaron por ello y finalmente fingieron su muerte y lo vendieron a comerciantes que se dirigían a Egipto. Allí fue vendido como esclavo, acusado por la esposa de su amo de intento de violación y encarcelado. La historia de José es una de rechazo propio, falsas acusaciones y otras crueldades. Sin embargo, gracias al don divino de interpretar sueños, se convirtió en el segundo funcionario más poderoso de Egipto y salvó a toda su familia, incluyendo a los hermanos que lo habían traicionado, cuando una grave hambruna azotó la región.

José llegó a ser conocido mucho antes de la vida y la época

---

2   Durante el ministerio de Jesús, no se conocía comúnmente dónde nació. Solo se sabía que su familia vivía en Nazaret de Galilea, por lo que se argumentaba que Jesús no podía ser el Mesías, ya que supuestamente nació no en Belén, sino en Nazaret.

3   Véase Génesis 37:1-4

de Jesús como el siervo sufriente de Israel.

Curiosamente, el rey David, en el Salmo 22, escribió sobre el sufrimiento y la muerte de un hombre. De hecho, el Salmo describe a un hombre que murió por crucifixión varios siglos antes de que cualquier nación o potencia utilizara la crucifixión como método de ejecución[4].

Además, el profeta Isaías habló elocuentemente en los capítulos 52 y 53 de alguien que murió por los pecados del pueblo.

C. ¿Dos Mesías?

Dos mesías eran, pues, parte de la conversación de Israel, pero debido a que Israel se encontraba a menudo bajo el yugo de naciones extranjeras y paganas, predominaba la esperanza de un Mesías Hijo de David. Esto era evidente en el siglo I d. C., en el deseo judío de liberarse de la tiranía romana. El Mesías Hijo de David era lo que el pueblo anhelaba, y como el reino de Jesús no era de este mundo, fue ignorado y rechazado.

En su primera venida, Jesús cumplió la profecía del siervo sufriente, el Mesías Hijo de José. En su segunda venida, Jesús cumplirá las profecías del Hijo de David, el poderoso rey guerrero que establecerá un reino eterno.

D. El primer sermón de Jesús

El capítulo sesenta y uno de Isaías comienza con un pasaje mesiánico reconocido desde hace mucho tiempo. A menudo se le titula «El año del favor del Señor». Jesús lo citó en su primer sermón público, que tuvo lugar en la sinagoga de Nazaret, el pueblo donde se había criado. Visitó la sinagoga, probablemente un sábado por la mañana. Quizás por invitación, se puso de pie para leer. Cuando le entregaron el rollo de Isaías,

---

4 Los romanos comenzaron a usar la crucifixión como método de ejecución alrededor del año 400 a. C., y es probable que la adoptaran de los griegos, quienes podrían haberla empleado ya en el año 700 a. C. Esto ocurrió tres siglos después de que David escribiera su Salmo.

lo desenrolló y encontró el pasaje donde está escrito:

> El Espíritu del Señor está sobre mí, porque me ha ungido[5] para anunciar la buena nueva a los pobres. Me ha enviado a proclamar libertad a los cautivos y vista a los ciegos, a poner en libertad a los oprimidos y a proclamar el año del favor del Señor. (Lucas 4:18-19)

Entonces Jesús enrolló el rollo y se sentó, mientras todos lo miraban. Y les dijo: «Hoy se ha cumplido esta Escritura delante de ustedes» (Lucas 4:21).

---

5   El Mesías es ungido. Reyes y profetas fueron ungidos, y también lo sería el Mesías. Jesús anunció aquí exactamente quién era después de leer el pasaje.

Lección Trece

El juicio

Uno podría preguntarse: «¿Debe el juicio ser un tema bíblico fundamental[1]? Después de todo, es bastante negativo». Mi respuesta debe ser que, por negativo que sea, es esencialmente un aspecto fundamental de la naturaleza misma de Dios, es decir, su santidad.

En Génesis 2:15-17 se encuentra la primera promesa de juicio emitida por el Dios Creador:

> Y el Señor Dios tomó al hombre y lo puso en el huerto de Edén para que lo labrara y lo cuidara. Y el Señor le ordenó, diciendo: «Sin duda podrás comer de todo árbol del huerto, pero del árbol de la ciencia del bien y del mal no comerás, porque el día que de él comas, ciertamente morirás».

Comieron, como saben, y aunque no murieron físicamente en ese momento, sí experimentaron otra muerte mucho más

---

[1] Este tema fue tocado en el tema "Presencia", pero el tema del juicio necesita ser abordado de una manera más directa.

trascendental: fueron excluidos de la presencia de Dios. «Expulsó al hombre, y al oriente del huerto de Edén puso querubines y una espada encendida que giraba por todos lados, para guardar el camino del árbol de la vida» (Génesis 3:24).

Dios había dado su ley, fue quebrantada, y vino el juicio. Y el juicio *debe* seguir a la violación de la ley de Dios, ya que el pecado no puede permanecer en la presencia de Dios. Sin ese juicio... bueno, es imposible querer imaginar cómo sería nuestro mundo sin él.

Esta es la historia de la humanidad; no hay justo, ni siquiera uno. Ninguno de nosotros vive en la presencia de Dios, aunque en Cristo algún día moraremos en su presencia, que es su huerto, su paraíso, su cielo. Como garantía de esto, nos ha dado su Espíritu Santo que mora en nosotros desde el momento en que nacemos de lo alto.

A.   Drama histórico profético

La mayoría de los seguidores de Jesús, en algún momento, tendrán dificultades con algunos de los mandatos de Dios en el Antiguo Testamento. Recordemos la orden de Dios a Josué de masacrar a los siete grupos étnicos que vivían en la tierra de Canaán cuando los israelitas entraron en la región.

Encontramos el relato de esto en el libro de Josué. El teniente de Moisés debía guiar a los israelitas a una tierra habitada por siete tribus: cananeos, hititas, heveos, ferezeos, gergeseos, amorreos y jebuseos. El ejército de Josué debía destruirlos por completo, sin dejar rastro, ya que eran idólatras que podían, y de hecho lo hicieron, meter a Israel en problemas. (Es una larga historia, pero este es el resumen esencial).

El juicio de Dios llegó en tiempo real, no al final de los tiempos. ¿Por qué? En mi opinión, la conquista de Canaán fue un drama histórico profético que mostró gráficamente el juicio de Dios sobre el pecado. Este acontecimiento ocurrió siglos antes del día de Jesús y de la crucifixión, cuando tuvo lugar el gran juicio del pecado.

Aunque esto quizá no satisfaga nuestras objeciones, aun así es una forma de entender el juicio temporal.

B. Jesús y el juicio

Jesús dijo: «Para juicio vine a este mundo; para que los que no ven, vean, y los que ven, se vuelvan ciegos» (Juan 9:39). La reacción ante Jesús, ya sea aceptándolo o rechazándolo, sería la base del juicio. La mayoría de los líderes religiosos de aquella época lo rechazaron; las palabras de Jesús pretendían ser una llamada de atención. Esta impactante verdad se aclara aún más en Juan 5:22-24:

> El Padre no juzga a nadie, sino que todo el juicio lo dio al Hijo, para que todos honren al Hijo como honran al Padre. El que no honra al Hijo, no honra al Padre que lo envió. De cierto, de cierto les digo: El que oye mi palabra y cree al que me envió, tiene vida eterna. No vendrá a juicio, sino que ha pasado de muerte a vida.

El ministerio de Jesús, entonces, tiene mucho que ver con el juicio, pero no solo con el juicio temporal; su juicio es eterno.

C. Pablo y el juicio

Una de las declaraciones más impactantes sobre el juicio de Dios se encuentra en Romanos 2:5: «Pero por tu dureza e impenitente corazón, atesoras ira para el día de la ira y de la revelación del justo juicio de Dios».

Pablo señala que el juicio de Dios es "justo". Como completamente santo, Dios no tolerará, ni puede tolerar, la presencia del pecado y el mal. Debe ser juzgado.

El Día del Juicio, un tema familiar en el Antiguo Testamento, también se encuentra en todo el Nuevo Testamento. Pablo, el apóstol tanto del juicio como de la gracia, lo expresó así en Romanos 5:15-16:

> Pero el don gratuito no es como la transgresión. Porque si por la transgresión de uno solo murieron muchos,

mucho más abundaron para muchos la gracia y el don de Dios por la gracia de un solo hombre, Jesucristo. Y el don gratuito no es como el resultado del pecado de uno solo. Porque el juicio vino a causa de una sola transgresión, pero la dádiva vino a causa de muchas transgresiones, para ser justificado.

Pablo contrasta lo que hizo Adán con lo que hizo Jesús. El pecado de Adán condujo a la muerte, pero la muerte de Jesús condujo a la justificación. De hecho, quienes están en Cristo han recibido el perdón de todos sus pecados, y es como si nunca hubieran pecado. Escribió: «Por tanto, habiendo sido justificados por la fe, tenemos paz con Dios por medio de nuestro Señor Jesucristo» (Romanos 5:1).

D. El juicio en el Apocalipsis

En el primer libro de la Biblia, Génesis, vemos la razón de la necesidad del juicio y cómo comenzó. En el último libro de la Biblia, encontramos relatos terribles de dicho juicio. Una y otra vez, el apóstol Juan, según le reveló Jesús, describe o relata la realidad de un Día del Juicio final.

En siete visiones distintas, Juan ve el juicio al final de los tiempos. Tres de estas, las más completas, son las de los sellos, las trompetas y las copas. El juicio viene sobre el mundo incrédulo. Este versículo sirve como ejemplo de docenas de ellos en su libro:

> Y dijo a gran voz: «Temed a Dios y dadle gloria, porque la hora de su juicio ha llegado; adorad a aquel que hizo el cielo y la tierra, el mar y las fuentes de las aguas» (Apocalipsis 14:7).

Hacia la conclusión del Apocalipsis se encuentran pasajes más completos y detallados que hablan del Día del Juicio. Uno de los más sorprendentes es Apocalipsis 20:11-15:

> Entonces vi un gran trono blanco y al que estaba sentado en él. De su presencia huyeron la tierra y el cielo,

y no se encontró lugar para ellos. Y vi a los muertos, grandes y pequeños, de pie ante el trono, y los libros se abrieron. Luego se abrió otro libro, que es el libro de la vida. Y los muertos fueron juzgados por lo que estaba escrito en los libros, según sus obras. Y el mar entregó los muertos que había en él. La muerte y el Hades entregaron los muertos que había en ellos, y fueron juzgados, cada uno según sus obras. Entonces la muerte y el Hades fueron arrojados al lago de fuego. Y el que no se encontraba inscrito en el libro de la vida, fue arrojado al lago de fuego.

Los "libros" del pasaje anterior no son probablemente libros como los conocemos. Dios es omnisciente —todo lo sabe— y es la computadora cósmica y eterna, por así decirlo, que conoce a todos sus hijos. El lenguaje codificado que encontramos en el Apocalipsis es complejo de descifrar, pero su significado es clarísimo. Habrá un juicio al final de los tiempos, y será definitivo y justo.

Una nota sobre la idea de que el resultado del juicio depende de las acciones de una persona. Sabemos que la salvación es por gracia y no por obras, como se explica claramente en Efesios 2:8-10. La verdadera obra es creer en Jesús. Un día le preguntaron a Jesús: «¿Qué debemos hacer para hacer las obras de Dios?». Su respuesta fue: «Esta es la obra de Dios: que crean en el que él ha enviado». Esto se encuentra en Juan 6:28-29. Luego, en el mismo capítulo, versículo 40, Jesús dice: «Porque esta es la voluntad de mi Padre: que todo aquel que ve al Hijo y cree en él, tenga vida eterna; y yo lo resucitaré en el día postrero».

En el último capítulo de la Biblia encontramos una referencia a los primeros capítulos de la Biblia:

Bienaventurados los que lavan sus ropas, para tener derecho al árbol de la vida y para entrar en la ciudad por las puertas. Afuera están los perros y los hechiceros y Los inmorales, asesinos, idólatras y todo aquel que ama y practica la mentira (Apocalipsis 22:14-15).

Sus ropas, lavadas en la sangre de Jesús, significan que han sido limpiados y perdonados de todo pecado y por lo tanto, pueden estar en la presencia de Dios. El "árbol de la vida" proviene de Génesis 2:9 y es un símbolo histórico, profético y dramático de Jesús mismo, quien, como ese árbol, da vida eterna.

Afuera es el lugar alejado de la presencia de Dios, donde deben permanecer todos aquellos cuyo pecado no ha sido perdonado, ya que no pueden estar en la presencia de un Dios santo. Nunca descansan ni tienen paz, sino que están eternamente alejados de la presencia de Dios.

Lección catorce

La persecución y el triunfo de la Iglesia

La guerra espiritual se ha librado desde el principio de la historia del universo. Es incierto si hubo una batalla antes de la creación de todo lo que existe.

Lo que sí sabemos es que un ángel poderoso y majestuoso se rebeló contra el Dios Trino. Como resultado, el lugar exaltado de esta criatura en la presencia de Dios se perdió para siempre.

En el tercer capítulo del Génesis se relata la historia de una criatura llamada «la serpiente», que era «más astuta que todos los animales del campo que el Señor Dios hizo» (Génesis 3:1). Encontramos una pista sobre la identidad de la serpiente en 2 Corintios 11:3: «Pero temo que, así como la serpiente engañó a Eva con su astucia, los pensamientos de ustedes sean desviados de la sincera y pura devoción a Cristo». Si necesitamos más, podemos leer Apocalipsis 12:9: «Y fue arrojado el gran dragón, la serpiente antigua, que se llama diablo y Satanás, el engañador del mundo entero; fue arrojado a la tierra, y sus ángeles fueron arrojados con él».

Un ángel exaltado se convirtió en el diablo, el adversario de Dios, y se llevó consigo a muchos de sus compañeros ángeles. Y así comenzó la guerra[1].

A. La mujer, la serpiente y su descendencia

Conocida a menudo como la primera profecía de las Escrituras, Génesis 3:15 ofrece el esquema más simple pero claro de la persecución y el triunfo de la Iglesia de Cristo..

A Satanás, la serpiente, Dios le dirigió estas palabras:

> Pondré enemistad entre ti y la mujer,
> y entre tu descendencia y la descendencia suya;
> él te herirá en la cabeza,
> y tú le herirás en el talón.

Dios juzga al ángel caído cuando declara que la descendencia de la mujer asestará un golpe mortal a la serpiente y por implicación, también a su descendencia.

"Enemistad" significa conflicto, batalla y guerra, y así ha sido desde entonces hasta hoy. "La mujer" puede ser Eva, pero también puede ser Israel, el pueblo elegido de Dios, la línea del Mesías a través de Judá, David y muchos más. La mujer es también la virgen de Isaías 7:14 y 9:6 que da a luz a Emanuel, «Dios con nosotros», un niño llamado «Dios todopoderoso». Ella es entonces María de Nazaret, a través de quien se cumple la antigua profecía. Inmediatamente después del nacimiento del Niño, el enemigo intenta destruirlo mediante un Herodes el Grande celoso y paranoico. Después, al menos en el relato bíblico, encontramos a Satanás a solas con Jesús en el desierto, haciendo todo lo posible por frustrar la misión del Apóstol de Dios. Solo por la voluntad suprema de Dios, el Cordero Pascual va a la cruz y derrama su sangre para la remisión del pecado.

La serpiente fue derrotada, pero no había terminado de intentar sembrar el caos y la venganza. La serpiente pudo luchar,

---

[1] Véase también Apocalipsis 20:1-3, Isaías 14:12-15, Ezequiel 28:11-13, 2 Pedro 2:4 y Judas 6.

pero solo logró herirle el calcañar. Nos parece mucho más que eso, pero en la perspectiva de la eternidad, fue simplemente la herida en el calcañar.

La mujer, ya identificada progresivamente como Eva, luego Israel, quien lleva el linaje del Mesías, luego la propia virgen María, cuya descendencia es el Mesías: Emanuel, Dios con nosotros. Luego, la descendencia es la Iglesia, el Cuerpo de Cristo, que Jesús estableció y que se convierte en el pueblo de Dios[2]. Esta batalla continúa hasta el Día del Juicio, la Segunda Venida del mismo Jesús.

B.   Jesús y la guerra espiritual

Jesús conocía las artimañas del diablo. Durante cuarenta días solo en el desierto (véase Mateo 4:1-11), Jesús se mantuvo firme en la verdad revelada de las Escrituras, prevaleciendo contra los intentos de Satanás de tentarlo para que frustrara su misión. Cuando el diablo "había acabado toda tentación, se apartó de él hasta un momento oportuno" (Lucas 4:13). Da la impresión de que el diablo siguió las huellas de Jesús durante todo su ministerio terrenal.

Jesús, más consciente que nadie del poder de Satanás, dijo algunas cosas muy interesantes a la Iglesia sobre el diablo, algunas de las cuales se presentan a continuación:

> «Él fue homicida desde el principio, y no tiene nada que ver con la verdad, porque no hay verdad en él. Cuando miente, habla de su propia naturaleza, porque es mentiroso y padre de la mentira». (Juan 8:44)

> «Ahora es el juicio de este mundo; ahora el príncipe de

---

2   Existe una profunda distinción entre la iglesia visible y la invisible. La iglesia visible es la que se autoproclama iglesia, la institución visible, esté compuesta o no por verdaderos cristianos. La iglesia invisible está compuesta únicamente por aquellos que solo Dios conoce, sin importar su denominación o cualquier otra designación, que han nacido de nuevo o de nuevo, o de lo alto, por el Espíritu Santo.

este mundo será echado fuera». (Juan 12:31)

«Porque se levantarán falsos cristos y falsos profetas, y harán grandes señales y prodigios, de tal manera que confundiran, si fuere posible, aun a los escogidos». (Mateo 24:24)

Jesús reveló plenamente lo que su Iglesia experimentaría; no habría sorpresas. En Juan 16:33 leemos: «Les he dicho estas cosas para que en mí encuentren paz. En el mundo tendrán tribulaciones. Pero tengan ánimo; yo he vencido al mundo».

C. Pablo y la guerra espiritual

Pablo también luchó contra el diablo en su época. Conocía a Satanás como el "príncipe de la potestad del aire" (Efesios 2:2). El apóstol a los gentiles aprendió mucho sobre la guerra espiritual, parte de la cual se encuentra en Efesios 6:10-12:

> Por lo demás, fortaleceos en el Señor y en el poder de su fuerza. Vestíos de toda la armadura de Dios, para que podáis estar firmes contra las asechanzas del diablo. Porque no tenemos lucha contra sangre y carne, sino contra principados, contra potestades, contra los poderes cósmicos de las tinieblas de este mundo, contra huestes espirituales de maldad en las regiones celestes.

Pablo procedió a describir las armas de la guerra cristiana contra el mal, pero no se hacía ilusiones sobre la realidad de la batalla en sí. Una de sus declaraciones más profundas se encuentra en 2 Corintios 11:13-15, cuando Pablo consideró necesario advertir a la iglesia de Corinto sobre quienes traerían problemas en su seno:

> Porque estos hombres son falsos apóstoles, obreros fraudulentos, que se disfrazan de apóstoles de Cristo. Y no es de extrañar, pues incluso Satanás se disfraza de ángel de luz. Por lo tanto, no es de extrañar que sus

siervos también se disfracen de siervos de la justicia. Su fin corresponderá a sus obras.

El diablo perseguiría, podría ganar algunas escaramuzas, pero al final fracasaría.[3]

D. Juan y el Apocalipsis

Juan, el discípulo amado, habló del ministerio de Jesús de esta manera: «Para esto apareció el Hijo de Dios: para destruir las obras del diablo» (1 Juan 3:8). Y gracias a esa victoria, Juan pudo decir: «Hijitos, ustedes son de Dios y los han vencido; porque mayor es el que está en ustedes que el que está en el mundo» (1 Juan 4:4).

Juan enfrentó la primera persecución a nivel imperial contra la Iglesia, y en la última década del siglo I d. C., fue exiliado a la isla de Patmos, frente a la costa occidental de la provincia romana de Asia, hoy Turquía, por su testimonio de Cristo. Allí Jesús le reveló que la Iglesia sufriría persecuciones severas a lo largo de su historia. Hacia el final, la Iglesia sería vencida. En Apocalipsis 11:7, se le dijo a Juan que «la bestia que sube del abismo hará guerra contra ellos, los vencerá y los matará». La "bestia" también se conoce como el anticristo, una fachada o máscara de Satanás. Cerca del regreso de Jesús al final de los tiempos y en el Día del Juicio, la bestia parece ganar la batalla, pero finalmente es destruida para siempre en el infierno. Esta historia se narra en Apocalipsis 20:7-10.

La serpiente ya recibió el golpe mortal en la cruz, y su fin es solo cuestión de tiempo.

En cuanto a quienes pertenecen a Jesús, encontramos el siguiente relato glorioso, y notamos las obvias referencias al huerto del Génesis:

---

3   Para obtener más información sobre el tema de la guerra espiritual y cómo Jesús y Su Iglesia expulsan a los demonios hoy, visite www.earthenvesselmedia.com para ver mi libro titulado: *Líbranos del mal: cómo Jesús expulsa a los demonios hoy*.

Entonces el ángel me mostró el río de agua de vida, resplandeciente como el cristal, que fluía del trono de Dios y del Cordero por en medio de la calle de la ciudad; también, a ambos lados del río, el árbol de la vida con sus doce clases de frutos, dando su fruto cada mes. Las hojas del árbol eran para la sanidad de las naciones. Ya no habrá nada maldito, sino que el trono de Dios y del Cordero estará en él, y sus siervos lo adorarán. Verán su rostro, y su nombre estará en sus frentes. Y ya no habrá noche. No necesitarán luz de lámpara ni de sol, porque el Señor Dios será su luz, y reinarán por los siglos de los siglos. (Apocalipsis 22:1-5)

Sección I, Continuación

Las lecciones básicas

Parte 3:

La Iglesia y la vida cristiana

Lección quince

La Iglesia

La palabra española "iglesia" no es en realidad una traducción de la palabra griega que se translitera como *ekklesia*[1]. Cuando Jesús le dijo a Pedro: «Edificaré mi iglesia» (Mateo 16:18), "iglesia" es *ekklesia*. La palabra significa "llamados". También conlleva la idea de reunión, congregación o asamblea, que es la raíz de la palabra sinagoga.

A. La Iglesia visible y la invisible

Existe una iglesia visible y una iglesia invisible. A la iglesia visible se puede unir. A la invisible no se puede unir; más bien, uno debe unirse a ella por Dios. Cualquiera puede entrar por la puerta principal de la iglesia visible y siempre es bienvenido, pero la Iglesia real, invisible, solo la conoce Dios.

La Iglesia son personas, no un edificio ni una institución, aunque (quizás con descuido) nos referimos a una estructura

---

[1] Transliterar significa reemplazar, en este caso, las letras griegas con letras equivalentes en inglés. "Ek" es una preposición que significa "fuera". "Klesia" es un sustantivo que significa "llamar". La idea fundamental es "llamar".

de ladrillo y cemento como iglesia. Pero conocemos la diferencia.

B. La Iglesia: el cuerpo de Cristo

Cristo Jesús es la cabeza de la Iglesia, y la Iglesia es su cuerpo[2]. Esta es una metáfora fundamental del Nuevo Testamento para referirse a la Iglesia. Pablo escribió: «Cristo es la cabeza de la iglesia, que es su cuerpo, y él mismo es su Salvador» (Efesios 5:23). Y también: «Y él es la cabeza del cuerpo, que es la iglesia; él es el principio, el primogénito[3] de entre los muertos, para que en todo tenga la preeminencia» (Colosenses 1:18).

La nación de Israel, el pueblo de Dios en el Antiguo Testamento, fue un prototipo de la Iglesia que Cristo edificó y que alcanzó su plenitud en Pentecostés. Existen diversas perspectivas sobre el origen de la Iglesia, desde que Adán y Eva eran una «congregación» hasta el llamado de Jesús a los doce discípulos. Sin embargo, en Hechos 1 y 2 es evidente que vemos a la Iglesia en acción.

C. Iglesia locál y universal

Tras la conversión, el nuevo nacimiento de lo alto, la persona es incorporada al cuerpo de Cristo, la Iglesia. Este es un acto del Espíritu Santo que bautiza en el cuerpo de Cristo. Encontramos esta verdad en 1 Corintios 12:12-13:

> Porque así como el cuerpo es uno y tiene muchos miembros, y todos los miembros del cuerpo, aunque muchos, son un solo cuerpo, así es con Cristo. Porque en un solo Espíritu fuimos todos bautizados en un solo cuerpo —judíos o gentiles, esclavos o libres— y a todos se nos

---

[2] Referirse a la Iglesia como el «Cuerpo de Cristo» es emplear una metáfora que tiene su origen en la propia Escritura. Así como el cuerpo humano tiene diferentes partes—brazos, dedos de los pies, etc.—, los miembros de la Iglesia desempeñan funciones diferentes.

[3] "Primogénito" significa cabeza o gobernante y no se refiere a ningún tipo de orden de nacimiento.

dio a beber de un mismo Espíritu.

Esta es la Iglesia universal. Sin embargo, cada cristiano debe ser parte de una iglesia local. La mayoría de las referencias a la iglesia en el Nuevo Testamento se refieren a iglesias locales. Por ejemplo, en 1 Corintios 1:1, encontramos a Pablo diciendo: «A la iglesia de Dios que está en Corinto, a los santificados en Cristo Jesús, llamados a ser santos junto con todos los que en cualquier lugar invocan el nombre de nuestro Señor Jesucristo, Señor de ellos y nuestro» (1 Corintios 1:2).

En la era del Nuevo Testamento, de hecho durante varios siglos, los cristianos se reunían en sus casas[4], o incluso en cuevas, arboledas o en los rincones del Templo de Jerusalén antes de su destrucción.

Las iglesias locales están compuestas por pecadores, por lo que ninguna iglesia es perfecta. Algunos se acaban de convertir y por lo tanto son "infantes", otros están en la etapa de los primeros pasos, otros son niños pequeños, niños mayores, adolescentes, jóvenes adultos, adultos mayores y adultos mayores; todos espiritualmente hablando. Una iglesia puede ser un lugar difícil y turbulento a medida que las experiencias de las personas con el pecado y el mundo caído se sanan. A pesar de los tiempos difíciles en las iglesias locales, los cristianos seguirán buscando a otros cristianos con quienes puedan *ser* iglesia.

D. La Iglesia y el Reino de Dios

Generalmente, los cristianos distinguen entre la Iglesia y el Reino de Dios, siendo este último el que pertenece a Dios en Cristo, vivos o muertos. La Iglesia son aquellos que pertenecen a Cristo y viven actualmente.

Jesús está presente en la Iglesia y también en las iglesias locales. Esto se desprende de lo que Jesús mismo dijo: «Porque

---

4   Pablo cita iglesias "en casas" en Romanos 16:5, 1 Corintios 16:19 y Colosenses 4:15.

donde dos o tres están reunidos en mi nombre, allí estoy yo en medio de ellos» (Mateo 18:20). El contexto de este versículo es la disciplina eclesiástica, pero el principio básico se aplica en cualquier caso.

E. Membresía en la iglesia local

Cada iglesia tiene diferentes requisitos de membresía. Los bautistas a menudo exigen la inmersión en agua, lo cual forma parte de su nombre. Esto se basa en Mateo 28:19-20: «Por tanto, id y haced discípulos a todas las naciones, bautizándolos en el nombre del Padre y del Hijo y del Espíritu Santo; enseñándoles a obedecer todo lo que os he mandado».

Otros, incluyendo los bautistas, consideran a una persona miembro por su presencia. La mayoría exige el bautismo; muchos ofrecen una serie de clases para familiarizar a la persona con diversas doctrinas, políticas y posturas religiosas, etc. Existe una variación considerable entre las iglesias.

La mayoría son pequeñas, con una mayoría de menos de 75 miembros. Hay mega iglesias con miles de miembros, a menudo con varios campus en diferentes ubicaciones. Como se mencionó anteriormente, existen las "iglesias en casas", una tendencia creciente, pero la práctica es antigua, y se remonta al primer siglo de la era cristiana.

F. Modelos de gobierno eclesiástico

Diferentes iglesias adoptan diferentes formas de gobierno; estas suelen clasificarse en el modelo congregacional, episcopal o de ancianos (presbiteriano). Las iglesias bautistas suelen ser congregacionales, con una combinación de líderes con autoridad delegada y un componente democrático. El modelo episcopal es de naturaleza jerárquica, como se observa en las iglesias católica romana y anglicana/episcopal. El modelo de ancianos, o forma de gobierno presbiteriana, es gobernado por ancianos seleccionados o elegidos.[5]

---

5   La Iglesia Bautista Miller Avenue es una combinación, y en su

Existe un precedente bíblico para cada una de estas formas de gobierno en el Nuevo Testamento. De hecho, muchas iglesias emplean una combinación aproximada de estas formas, a veces evolucionadas con el tiempo.

G. Liderazgo de la Iglesia

Existen varias designaciones para los oficiales generales de la iglesia. «Y él constituyó a unos, apóstoles; a otros profetas; a otros evangelistas; a otros pastores y maestros, a fin de capacitar a los santos para la obra del ministerio, para la edificación del cuerpo de Cristo» (Efesios 4:11-12)[6]. El apóstol, es decir, el enviado podría compararse con un misionero. El profeta es quien presenta la Palabra de Dios; en otras palabras, un predicador. El evangelista es aquel cuyo enfoque es contar la historia de la salvación, el Evangelio. El pastor/maestro, es en realidad un solo oficio, cuida de la iglesia local mediante la predicación y la enseñanza de las Escrituras.

Los términos anciano, presbítero, pastor, obispo y supervisor son generalmente sinónimos. También se menciona en el Nuevo Testamento al diácono. Este realiza ciertas tareas, permitiendo que los oficiales generales se concentren en la enseñanza, la oración y la predicación. Examine Hechos 6:1-7 para ver la creación del cargo de diácono en la iglesia primitiva. Pablo consideraba muy importante este oficio. Examine 1 Timoteo 3 para conocer las cualificaciones de los oficiales de la iglesia, incluyendo a los diáconos.

H. Mujeres en la Iglesia

Un análisis de Joel 2:28-29 muestra que las mujeres reciben dones del Espíritu. Se encuentran listas de los dones del Espíritu en 1 Corintios 12:8-10 y Romanos 12:6-8.

El diácono, "Felipe el evangelista", tenía cuatro hijas que "profetizaban" (véase Hechos 21:8-9). También estaba Ana,

---

mayor parte informal, de los tres modelos.

6 Una lista más larga de oficiales se encuentra en 1 Corintios 12:28.

profetisa (Lucas 2:36), y Pablo elogió a las mujeres a quienes llamó sus colaboradoras (véanse Romanos 16:3 y 16:12). Y luego, Pablo pidió a la Iglesia de Filipos que ayudará a Evodia y Síntique, ya que habían estado trabajando mano a mano con él en el ministerio (véase Filipenses 4:2-3).

Quizás el pasaje más relevante de las Escrituras que habla sobre el tema de las mujeres en la iglesia es Gálatas 3:28. Dice: «Porque ya no hay judío ni Griego; no hay esclavo ni libre; no hay varón ni mujer; porque todos sois uno en Cristo Jesús».

Algunas iglesias insisten en que las mujeres no deben ocupar puestos de liderazgo sobre los hombres en la iglesia. Otras discrepan e interpretan ciertos pasajes de forma diferente. Es mejor considerar este tema como una conversación, no como un debate, y se volverá a tratar en la segunda sección.

I. La Iglesia en el mundo

La Iglesia en el mundo es Cristo en el mundo; la Iglesia es su cuerpo, sus manos y sus pies. La Iglesia está en el mundo, pero no es de él. Todos los que invocan el nombre de Cristo y son llamados por Él son la Iglesia, que es la entidad más importante del planeta.

Lección Dieciséis

La ética cristiana

Los cristianos tenemos el modelo más alto, Jesucristo. Debemos ser como Jesús; sin embargo, al estudiar su vida, encontramos una gran brecha entre Jesús y nosotros. Crecemos gradualmente a la semejanza de Cristo. A pesar de nuestras dificultades, seguimos aspirando a su perfección.

Tanto en el Antiguo como en el Nuevo Testamento encontramos pasajes que enumeran actitudes y comportamientos que debemos rechazar y de los que debemos alejarnos, así como principios que nos pueden guiar en nuestra vida.

A. El testimonio del Antiguo Testamento

1. **Los diez mandamientos**, enumerados en Éxodo 20 y Deuteronomio 5, han resistido la prueba del tiempo y nos son útiles hoy. En resumen, son los siguientes:

   - No tendrás otros dioses además del SEÑOR DIOS.
   - No te harás imágenes de dioses para adorarlos.
   - No tomarás el nombre de Dios en vano (como en

maldiciones, hechizos, fórmulas mágicas, etc.)
- Recuerda el día de reposo para santificarlo. (para descansar y adorar).
- Honra a tu padre y a tu madre.
- No matarás.
- No cometerás adulterio.
- No robarás.
- No darás falso testimonio contra tu prójimo.[1]
- No codiciarás lo ajeno.

2. **Los dos grandes mandamientos del amor en la Biblia hebrea**

    a. Deuteronomio 6:5: Amarás al Señor tu Dios con todo tu corazón, con toda tu alma y con todas tus fuerzas.

    b. Levítico 19:18: Amarás a tu prójimo como a ti mismo[2].

3. **Prácticas abominables**—Deuteronomio 18:9-13

Y cuando entres en la tierra que el SEÑOR tu Dios te da, no aprenderás a seguir las prácticas abominables de esas naciones. No se hallará en ti nadie que queme a su hijo o a su hija como ofrenda, ni quien practique adivinación, ni quien lea la fortuna, ni intérprete agüeros, ni hechicero, ni encantador, ni adivino, ni mago, ni quien consulte a los muertos; porque cualquiera que

---

1 La definición de prójimo es bastante amplia e incluye esencialmente a cualquier persona con quien tengamos contacto. Tal es el significado de prójimo en la parábola de Jesús del Buen Samaritano (véase Lucas 10:25-37).

2 Levítico 19:33-34 manda a los israelitas amar a los extranjeros que viven entre ellos. Esta exhortación estaría relacionada con el amor al prójimo, como se ve en la parábola del Buen Samaritano.

hace estas cosas es abominación al SEÑOR. Y a causa de estas abominaciones, el SEÑOR tu Dios las expulsa de delante de ti. Serás irreprensible ante el SEÑOR tu Dios, porque estas naciones que estás a punto de desposeer escuchan a adivinos y brujos. Pero en cuanto a ti, el SEÑOR tu Dios no te ha permitido hacer esto.

B. **El testimonio del Nuevo Testamento**

1. **Los dos grandes mandamientos**—Mateo 22:36–40

«Maestro, ¿cuál es el gran mandamiento de la Ley?» Y le dijo: «Amarás al Señor tu Dios con todo tu corazón, con toda tu alma y con toda tu mente. Este es el gran y el primer mandamiento. Y el segundo es semejante: Amarás a tu prójimo como a ti mismo. De estos dos mandamientos dependen toda la Ley y los Profetas.»

2. **La regla de oro**—Mateo 7:12 y Lucas 6:27-31

«Así que, todas las cosas que queráis que los hombres os hagan, hacedlo también con ellos; porque esto es la Ley y los Profetas.»

3. **Amad a vuestros enemigos**—Mateo 5:44 y Lucas 23:34

En el Sermón del Monte, Jesús dijo:

«Habéis oído que se dijo: "Amarás a tu prójimo y odiarás a tu enemigo". Pero yo os digo: Amad a vuestros enemigos y orad por los que os persiguen, para que seáis hijos de vuestro Padre que está en los cielos» (Mateo 5:44).

Y luego está Lucas 23:34, donde Jesús ejemplifica esta enseñanza de amar a los enemigos de una manera muy profunda. Por quienes lo crucificaron —los soldados romanos, los líderes judíos— y por nosotros, ya que murió por nuestros pecados, oró: «Padre, perdónalos, porque no saben lo que hacen».

4. **La primera lista de Pablo**—1 Corintios 6:9-11

¿No saben que los injustos no heredarán el reino de Dios? No se dejen engañar: ni los inmorales, ni los idólatras, ni los adúlteros, ni los homosexuales, ni los ladrones, ni los avaros, ni los borrachos, ni los maldicientes, ni los estafadores heredarán el reino de Dios. Y esto erais algunos de vosotros. Pero fuisteis lavados, fuisteis santificados, fuisteis justificados en el nombre del Señor Jesucristo y por el Espíritu de nuestro Dios.

5. **La segunda lista de Pablo**—Gálatas 5:19-24

Ahora bien, las obras de la carne son evidentes: inmoralidad sexual, impureza, sensualidad, idolatría, hechicería, enemistades, pleitos, celos, arrebatos de ira, rivalidades, disensiones, divisiones, envidias, borracheras, orgías y cosas semejantes. Les advierto, como ya les advertí, que quienes practican tales cosas no heredarán el reino de Dios.

Pero el fruto del Espíritu es amor, gozo, paz, paciencia, benignidad, bondad, fidelidad, mansedumbre, dominio propio; contra tales cosas no hay ley. Y los que pertenecen a Cristo Jesús han crucificado la carne con sus pasiones y deseos.

C.   Nota final:

En nuestro Texto Sagrado se encuentran las normas de conducta, claramente explicadas y que son para nuestro beneficio. El Dios Creador sabe lo que es mejor para nosotros, porque nos creó como somos. Quebrantar las leyes y principios de Dios nos produce culpa y vergüenza, intencionalmente. En lugar de buscar mecanismos para justificar nuestro comportamiento pecaminoso, se nos invita a arrepentirnos , confesar y así, encontrar perdón y paz.

Lección Diecisiete

La vida cristiana

El mayor de todos los misterios y milagros es la conversión cristiana. De una manera inexplicable, el Espíritu Santo de Dios nos convence de nuestro pecado, nos muestra el medio de nuestro perdón en la sangre derramada de Jesucristo en la cruz, y luego abre nuestros corazones y mentes para aceptar a Jesús como Salvador y Señor. Esto es enteramente obra de Dios y es humanamente imposible de lograr de otra manera.

La cuestión más esencial ha sido determinada ahora en Cristo. Hemos pasado de la muerte a la vida. Así lo expresó Jesús: «De cierto, de cierto os digo: El que oye mi palabra y cree al que me envió, tiene vida eterna; no vendrá a condenación, sino que ha pasado de muerte a vida» (Juan 5:24). A pesar de las dudas que siempre luchan en nuestro interior, ya no nos preocupamos por el cielo o el infierno. Ya no nos preguntamos qué debemos hacer con nuestras vidas en general. Somos seguidores de Jesús y lo único que nos queda es alabarle y honrarle en nuestra vida. Esta es nuestra identidad y nuestro propósito de vida. Los detalles de nuestra vida son simplemente eso: importantes, pero detalles en el gran esquema de las cosas.

A. La identidad cristiana

Todo cristiano ha recibido una nueva identidad; somos hijos e hijas adoptivos de Dios al nacer de nuevo por medio de nuestro Señor Jesucristo. Ahora pertenecemos a la Familia de Dios, la Iglesia.

Nuestra nueva identidad ya no se define por lo que hacemos o hemos hecho. "Soy médico", "Soy ministro", "Soy vendedor", "Soy conserje", "Soy un fracasado", "Soy un convicto", etc. Estas frases pueden ser descriptivas, pero no lo explican todo. Nuestra identidad está en Cristo. Considere los siguientes pasajes:

> De ahora en adelante, ya no consideramos a nadie según la carne. Y si en otro tiempo considerábamos a Cristo según la carne, ya no lo consideramos así. Por lo tanto, si alguno está en Cristo, es una nueva creación. Lo viejo pasó; he aquí, es hecho nuevo. (2 Corintios 5:16-17)

> Pero ustedes son linaje escogido, real sacerdocio, nación santa, pueblo adquirido por Dios, para que anuncien las virtudes de aquel que los llamó de las tinieblas a su luz admirable. (1 Pedro 2:9)

Cuando Juan bautizó a Jesús en el Jordán, el Espíritu Santo descendió sobre él y escuchó estas palabras: «Este es mi Hijo amado, en quien tengo complacencia» (Mateo 3:17). Parte de la realidad espiritual de nuestra conversión es que hemos sido «sentados» con Cristo en los lugares celestiales. Dios «nos resucitó y nos sentó con él en los lugares celestiales con Cristo Jesús» (Efesios 2:6). Estamos en el Amado y esta es nuestra identidad: somos amados.

Observe cómo se refiere la Escritura a nosotros:

- «A todos los que están en Roma, amados de Dios, llamados a ser santos» (Romanos 1:7).
- «Pero no pasen por alto este hecho, amados: que para el Señor un día es como mil años y mil años como un día» (1 Pedro 3:8).
- «Amados, no se sorprendan del fuego de prueba que los asedia, como si algo extraño les estuviera sucediendo» (1 Pedro 4:12).
- «Amados, ahora somos hijos de Dios» (1 Juan 3:2).
- «Amados, amémonos unos a otros» (1 Juan 4:7).
- «Amados, si Dios nos amó así, también nosotros debemos amarnos unos a otros» (1 Juan 4:11).

Se podrían citar muchos otros pasajes, pero la cuestión es que pertenecemos a Dios, con todo y sus defectos y nada puede cambiarlo. Después de todo, la elección no es voluble. Somos santos, integrados al Cuerpo de Cristo, que es la Iglesia. Somos hijos e hijas que nunca pueden dejar de nacer y nuestros nombres están escritos en el Libro de la Vida del Cordero (véase Apocalipsis 13:8 y 21:27). Nada ni nadie puede borrar esos nombres inscritos para siempre. Nada ni nadie puede separarnos del amor de Dios en Cristo (véase Romanos 8:31-39).

Nuestra nueva identidad es la de seguidores de Jesús, predestinados, llamados, justificados y glorificados. Eso está decidido.

B. Haciendo lo que hacen los cristianos

Hechos 2:42 nos ofrece una descripción concisa de cómo vivían los primeros cristianos: «Y perseveraban en la enseñanza de los apóstoles, en la comunión unos con otros, en la fracción del pan y en las oraciones».

1. Es de suma importancia aprender **las enseñanzas de los apóstoles**, es decir, lo que dijeron sobre lo que Jesús hizo y dijo. Lo hacemos al centrarnos en las Escrituras[1].

---

1 La mayoría de los cristianos querrán leer las Escrituras, tanto el

2. **La comunión** es nuestra reunión para adorar. Y no es fácil, ya que todos somos bastante pecadores, aunque no queramos serlo. Por eso, puede ser difícil llevarse bien con nosotros. En lugar de aislarnos, los cristianos resuelven sus diferencias y aprenden a acogerse, afirmarse, perdonarse y amarse unos a otros. El escritor de Hebreos lo expresó bien: «Considerémonos unos a otros para estimularnos al amor y a las buenas obras; no dejando de congregarnos, como algunos tienen por costumbre, sino animándonos» (Hebreos 10:24-25).

La iglesia local es como un fuego purificador. Para cooperar, adorar juntos y servirnos unos a otros, debemos trabajar y corregir aquello que nos desagrada. Es un proceso constante de crecimiento para llegar a ser como Jesús, que es, por cierto el significado de la palabra cristiano.

La comunión y la fracción del pan son bastante similares, por lo que parece evidente que la iglesia primitiva participaba en una doble dosis de estas actividades, poniendo énfasis en la convivencia. Los primeros creyentes parecen haber pasado mucho tiempo en lo que se llama "comunión en la mesa" y es probable que la Cena del Señor, la Comunión o la Eucaristía (todos sinónimos) se celebraran al mismo tiempo.

3. **La oración** es una característica fundamental de los cristianos, y orar es hablar con Dios: una conversación en la que hablamos y Dios escucha. Dios nos responde a través de las Escrituras, no con voz audible como en nuestras conversaciones con otras personas. Para algunos, este aspecto de la vida cristiana es fundamental.

4. **El servicio** en la iglesia es vital. Debemos trabajar, como

---

Antiguo como el Nuevo Testamento. A menudo, esto se hace de forma sistemática. Un plan consiste en leer dos capítulos del Antiguo Testamento, tres Salmos, dos capítulos de un Evangelio y luego dos capítulos del resto del Nuevo Testamento a diario o semanalmente.

Pablo dejó claro en Efesios 2:10: «Porque somos hechura suya, creados en Cristo Jesús para buenas obras, las cuales Dios preparó de antemano para que anduviésemos en ellas». La naturaleza de esta obra y sus detalles no son tan importantes como uno podría pensar. Podría ser cualquier cosa y cualquier lugar. A Dios no le importa tanto el dónde ni el qué, sino el mero hecho de hacer.

5. **El diezmo** y las ofrendas formaban parte de la vida de Israel. Esto también continuó en la iglesia primitiva, como lo demuestra Hechos 2:45: «Y vendían sus bienes y propiedades, y repartían el dinero a todos según la necesidad de cada uno». Este modelo fue especialmente necesario al principio, cuando muchos de los primeros conversos en Pentecostés permanecieron en Jerusalén y necesitaban ser atendidos.

Los cristianos a lo largo de la historia han mantenido la donación voluntaria, con el diezmo o el diez por ciento de sus ingresos como referencia. Esto es tanto bíblico como tradicional. Las Escrituras enseñan que Dios ama al dador alegre, como escribió Pablo: «Cada uno dé como propuso en su corazón, no de mala gana ni por obligación, porque Dios ama al dador alegre» (2 Corintios 9:7). Cada cristiano dará lo que quiera, y es una donación voluntaria.

6. Estamos llamados a ser **testigos** de la historia de la salvación en Jesús. Quizás Pablo, en 2 Corintios 5:20, lo expresó mejor: «Somos embajadores de Cristo, y Dios ruega por medio de nosotros». Para muchos, este es el aspecto más emocionante de la vida cristiana. De esta labor nunca nos retiramos. Sí, los cristianos nunca nos retiramos; simplemente seguimos adelante hasta el final. Nunca tenemos que preocuparnos por intentar «encontrarnos a nosotros mismos» ni por encontrar sentido y propósito. Se puede decir que la Iglesia es la Iglesia tal como Jesús la

concibió cuando lleva a cabo los mandatos de la misión que se encuentran en Mateo 28:16-20 y Hechos 1:8.

Se puede decir que la Iglesia es la Iglesia tal como Jesús la concibió cuando lleva a cabo los mandatos de la misión que se encuentran en Mateo 28:16-20 y Hechos 1:8.

C. Grandes diferencias en el cuerpo de Cristo

Ser cristiano no es algo estandarizado. No siempre vemos las cosas de la misma manera. Hay todo tipo de iglesias y denominaciones; esto tiene sus pros y sus contras, pero más ventajas que desventajas. Hay una iglesia o denominación para cada uno. La mayoría de nuestros debates son internos, no externos, lo que significa que nuestros debates —en realidad, nuestras conversaciones— se dan entre los miembros de la familia de Dios.

Sí, hay falsas doctrinas; sí, hay sectas; y no, no todo es igual. Luchamos contra la influencia y el poder de Satanás, lo que se llama guerra espiritual. Hay un diablo real y demonios reales; no cerremos los ojos ante esto.

Una última palabra: Como cristianos, nos negamos a aislarnos ni a distanciarnos. Estamos unidos a Cristo y estamos llamados a amar a los miembros de la Iglesia. Aprendemos a perdonar y olvidar, a suavizar nuestras pequeñas envidias y vanidades, y a ver a Cristo en los demás.

En la iglesia local, que se convierte en nuestra familia espiritual, es donde vivimos al servicio de Cristo. Servir en la iglesia es servir a Cristo mismo.

D. Guerra espiritual

«En el mundo tendréis tribulaciones», dijo Jesús a sus discípulos en Juan 16:33. Y así es. Jesús ha vencido al mundo y a todos los enemigos espirituales, pero la realidad es que existe una guerra espiritual en la que todos sus seguidores participan en cierta medida.

Antes del comienzo del ministerio de Jesús, Satanás intentó

comprometerlo y engañarlo. Esta historia se encuentra en el capítulo cuatro de Mateo, a menudo titulado "La Tentación de Jesús". Jesús respondió a cada tentación citando las Escrituras. Así, aprendemos de su ejemplo cómo librar la guerra espiritual.

No luchamos solos. En Lucas 22:31-32, vemos esto con mayor claridad cuando Satanás quiso atacar a Simón Pedro:

«Simón, Simón, mira, Satanás os ha pedido para zarandearos como trigo, pero yo he rogado por ti para que tu fe no desfallezca».

Pedro aprendió, sin duda, una y otra vez, cuál es la intención demoníaca. Escribió:

Sed sobrios, estad alerta. Vuestro adversario, el diablo, ronda como león rugiente, buscando a quién devorar. Resistid, firmes en la fe, sabiendo que los mismos sufrimientos se están padeciendo en vuestros hermanos en todo el mundo. (1 Pedro 5:8-9)

Pablo conocía las asechanzas del maligno:

Vestíos de toda la armadura de Dios, para que podáis estar firmes contra las asechanzas del diablo. Porque no tenemos lucha contra sangre y carne, sino contra principados, contra potestades, contra los poderes cósmicos de las tinieblas presentes, contra las huestes espirituales de maldad en las regiones celestes. (Efesios 6:10-12)

Pablo luego describe toda la armadura de Dios en los versículos 13 al 18.

Satanás, el dios de este mundo, lucha con fuerza contra el mensaje del Evangelio cegando la mente y los ojos de quienes no confían en Jesús (véase 2 Corintios 4:1-4). Vemos entonces el verdadero milagro de la salvación.

Por terribles que sean Satanás y sus legiones, Jesús los ha derrotado mediante su muerte y resurrección. Juan lo expresó así: «Mayor es el que está en vosotros que el que está en el mundo» (1 Juan 4:4).

Y los cristianos no temen a los demonios ni a todo el poder del diablo. Es como Pablo instruyó a su discípulo Timoteo: «Dios no nos dio un espíritu de cobardía, sino de poder, de amor y de dominio propio» (2 Timoteo 1:7).

Y luego tenemos estas palabras de Santiago: «Someteos, pues, a Dios. Resistid al diablo, y huirá de vosotros» (Santiago 4:7).

Lección Dieciocho

La historia de la Iglesia

La historia cristiana comienza con el Génesis y los primeros humanos, Adán y Eva. A partir de ahí, la historia cristiana es también la historia de Israel, pues el cristianismo surgió de ese pueblo y está íntimamente conectado con él, desde Abraham, Isaac y Jacob hasta Moisés, David, Salomón y profetas como Isaías, Zacarías y todos los demás.

A. De la historia de Israel a...

Juan el Bautista, el último de los profetas, profetizado por Malaquías, predijo la llegada de un profeta como Elías que prepararía el camino para el Mesías. Juan apareció, unos cuatro siglos después de la profecía de Malaquías y al ver a Jesús de Nazaret acercándose, exclamó: «¡He aquí el Cordero de Dios, que quita el pecado del mundo!» (Juan 1:29). El resto es más específicamente historia de la Iglesia.

Los Evangelios —Mateo, Marcos, Lucas y Juan— describen la vida y la época de Jesús. El segundo volumen de Lucas y Hechos, describe algunos fragmentos de la historia de la Iglesia cristiana primitiva, comenzando técnicamente en Pentecostés y continuando hasta aproximadamente el año 65 d. C. Luego recurrimos a los historiadores seculares para que nos cuenten el resto de la historia.

B. La historia del pensamiento cristiano

Todo estudiante de seminario o instituto bíblico debe cursar historia de la iglesia, algunas de las cuales son sumamente interesantes, otras aburridas. Pero el curso es necesario, ya que no llegamos al siglo XXI sin una formación considerable. Cada doctrina bíblica importante ha sido definida, refinada, difamada, tergiversada y distorsionada, hasta el punto de que prácticamente no se ha dejado ni una hoja sin revisar. Para saber dónde estamos en cuanto a nuestras creencias, es de gran ayuda ver cómo obtuvimos lo que tenemos.

¿Existe una sola Iglesia? ¿Cómo surgieron el Credo de los Apóstoles, el Credo de Nicea, el Catecismo de Heidelberg, los Cánones de Dordt, el Concilio de Trento y muchas otras declaraciones de fe y doctrina? ¿Quiénes fueron los gnósticos, los arrianos, los nestorianos y los moravos? ¿Qué fue exactamente la Reforma Protestante? ¿Qué hizo Martín Lutero?

Y la lista continúa. ¿De dónde surgieron los bautistas? ¿Quiénes fueron los puritanos? ¿Qué hay de los cuáqueros, mormones, testigos de Jehová y unitarios? ¿Qué hay del arminianismo y el calvinismo, dos teologías distintas pero a la vez similares, en las que todas las construcciones religiosas se encuadran de una forma u otra? Quién, dónde, cuándo, cómo: grandes preguntas y grandes respuestas.

Aquí solo podemos, con suerte, despertar la curiosidad sobre la rica historia que nos ha precedido. Qué enriquecedor es leer sobre Justino Mártir, Ignacio, Tertuliano, Orígenes, Agustín, Jerónimo, Benedicto XVI, Antonio, Tomás de Aquino, Lutero, Calvino y tantos otros. Las vidas de San Francisco de Asís, John Knox, John Wesley, George Whitefield, Jonathan Edwards, Charles Haddon Spurgeon tienen mucho que enseñarnos y emocionarnos. Estos son los grandes nombres y hay muchos más a quienes les debemos mucho.

Por favor, tomen esto como una invitación a profundizar y cuando lo hagan, el resultado será una comprensión mucho más sólida de la situación actual de la Iglesia. Es como conocer la historia familiar, tanto la buena como la mala, La historia de la Iglesia es nuestra historia.

Sección 2:
Debates y conversaciones

Parte 1:
Debates extramuros

Debates extramuros: Introducción

Los tiempos están cambiando, pero eso no es nuevo. El rápido y radical crecimiento de la tecnología, el tumulto entre las naciones, la incertidumbre económica, las crisis políticas y otros factores han acelerado o incrementado los niveles de estrés en general. Y, por supuesto, los cristianos también tienen sus batallas que librar.

Por "extramuros" me refiero a los debates que los cristianos mantienen con los no cristianos. Cabe reconocer que algunos de estos debates, especialmente el cuarto, que trata sobre el matrimonio igualitario, pueden considerarse un debate cruzado, ya que algunos que se identifican como cristianos pueden estar a favor de las personas del mismo sexo. Sin embargo me parece que el tema se basa en la naturaleza de la creación, la intención del Creador y la sencilla palabra de las Escrituras. Por lo tanto considero el matrimonio igualitario como algo extramuros.

Las iglesias cristianas se ven afectadas por los vientos de la cultura, en Estados Unidos actualmente existe una creciente presión para ser tolerantes, inclusivas y diversas. Un resultado es lo que con razón podría llamarse sincretismo, que consiste en la adopción de la ética y la moral de la mayoría, incluso cuando contradice las interpretaciones bíblicas tradicionales. Por lo tanto, los cristianos terminan adoptando comportamientos y conceptos teológicos aberrantes y completamente erróneos desde la perspectiva bíblica tal como la entienden tradicionalmente todas las ramas de la Iglesia cristiana.

En esta segunda sección de Fundamentos Cristianos, enumeraré y comentaré brevemente cuatro debates extramuros, aquellas doctrinas bíblicas que son centrales para el cristianismo y lo distinguen de todas las demás religiones del mundo. La teología fundamental que se encuentra en la sección uno se asume como el fundamento subyacente de la sección dos. Por ejemplo, la naturaleza del Dios Trino ya se ha presentado y no se reiterará en la sección dos; se entiende. A continuación vienen las conversaciones que son mayoritariamente, pero no completamente, de naturaleza interna.

Debate uno

La exclusividad de Jesús

Este tema debe encabezar la lista, ya que es la doctrina fundamental y si se abandonara, prácticamente perdería sentido con todos los demás.

En Juan 14:6, Jesús dijo: «Yo soy el camino, la verdad y la vida; nadie viene al Padre sino por mí». Él es el camino, la verdad y la vida, porque es Emmanuel, Dios con nosotros, plenamente Dios y plenamente hombre.

Solo en Jesús y su cruz hay salvación. Sin esta doctrina bíblica central, el cristianismo podría ser simplemente una opción más en el mercado espiritual.

Pablo expresó lo mismo en Colosenses 1:15-20[1] :

> Él es la imagen del Dios invisible, el primogénito de toda la creación. Porque en él fueron creadas todas las cosas, las que hay en los cielos y las que hay en la tierra, visibles e invisibles; sean tronos, sean dominios, sean principados, sean potestades; todo fue creado por medio de él y para él. Y él es antes de todas las cosas, y en él todas

---

1   Véase también Juan 1:1-18, Filipenses 2:1-11 y Hebreos 1:1-4.

las cosas subsisten. Y él es la cabeza del cuerpo, que es la iglesia. Él es el principio, el primogénito de entre los muertos, para que en todo tenga la preeminencia. Porque a Dios le agradó habitar en él toda la plenitud, y por medio de él reconciliar consigo todas las cosas, tanto las que están en la tierra como las que están en los cielos, haciendo la paz mediante la sangre de su cruz.

Para los cristianos con una orientación bíblica e histórica, la clave para identificar la herejía reside en la persona y la obra de Cristo. La Escritura es muy clara: Él es Dios y hombre[2] y por lo tanto, su muerte, o sacrificio en la cruz, es suficiente para purificarnos de todo pecado y restaurar a la persona a una relación correcta con Dios.

La afirmación exclusiva que Jesús hace de Él en las Escrituras relega a todos los demás dioses y diosas a algo distinto, algo inferior, algo ficticio: idolatría en el mejor de los casos. Quienes no se comprometen con las Escrituras y la teología cristiana histórica verán frustrados y resistidos sus intentos de lograr la inclusión. Este debate ha sido y seguirá siendo un campo de batalla marcado por una línea clara[3].

Esta discusión sobre la exclusividad de Jesús se ha librado desde el comienzo mismo de la era cristiana. La Iglesia cristiana real, pero invisible y verdadera, no cederá en este punto.

---

2 La persona de Jesucristo es paradójica, pues es imposible conciliar su condición de Dios y hombre a la vez. La idea escapa a la capacidad humana de resolverla en algo cómodo y lógico. El cristianismo bíblico no intenta resolver este aparente conflicto.

3 Sin embargo, los cristianos trabajarán junto con personas de otras religiones para satisfacer las necesidades humanas, aliviar el sufrimiento y alcanzar objetivos relacionados con la paz y la estabilidad política.

Debate dos

La autoridad de las Escrituras

Dado que es a partir de las Escrituras que aprendemos quién es Jesús, surge naturalmente una controversia sobre la autoridad de la Biblia.

Un ejemplo: desde Génesis hasta Crónicas[1] (para el pueblo judío) o desde Génesis hasta Apocalipsis (para el pueblo cristiano) se revela que el Mesías es una deidad. Esto es evidente en pasajes como Isaías 7:14 e Isaías 9:6. Primero, 7:14: «Por tanto, el Señor mismo os dará una señal: He aquí que la virgen concebirá y dará a luz un hijo y llamará su nombre Emanuel»[2]. Luego, 9:6: «Porque nos ha nacido un niño, nos ha sido dado un hijo; y el gobierno estará sobre su hombro y se llamará su nombre: Admirable, Consejero, Dios Fuerte, Padre Eterno, Príncipe de Paz»[3].

---

1   En la Biblia hebrea, Crónicas es el último libro, mientras que en la mayoría de las Biblias cristianas, Malaquías finaliza la sección del Antiguo Testamento de la Biblia.

2   Emanuel, a veces escrito Emmanuel, significa «Dios con nosotros». La terminación «el» es una palabra hebrea que significa «Dios».

3   «Hijo», aplicado al Mesías Jesús, no implica que Jesús sea un

Estos dos pasajes de Isaías y otros de la Biblia hebrea confirman que el Mesías es deidad. Los escritores del Nuevo Testamento proclaman claramente que Jesús fue y es ese Mesías. El Mesías es Dios, y Jesús fue y es el Mesías, es evidente. Es fácil entender por qué se ataca a la Biblia, calificándola de defectuosa o incluso de ser el resultado de intrigas y conspiraciones. Sin embargo, tales afirmaciones carecen de relevancia histórica y solo contribuyen a la abundancia de ficción de mala calidad.

Aquí, de nuevo encontramos un argumento fundamental que no desaparecerá. Las batallas a favor y en contra de la Biblia continuarán librándose hasta el final de la historia.

La Biblia es otro ejemplo de paradoja; surge tanto de la mano del hombre como de la revelación y la voluntad de Dios. En ella también vemos a la persona de Jesús como Dios y hombre a la vez, una paradoja que perdurará y que no será resuelta por la mente humana.

Con su ininterrumpida red de testimonios, desde Génesis hasta Apocalipsis y a pesar de las aparentes contradicciones y las evidencias de la mano humana, gracias al poder del Espíritu Santo, la Biblia es un escudo y una espada fuertes probados en batalla.

En definitiva, la creencia de que la Biblia es la Palabra inspirada de Dios se basa en la fe, no en los hechos. La Biblia no puede insistir en que está inspirada, lo cual constituye un argumento circular. Como gran parte de lo que consideramos verdad, estamos ante una postura de fe. Pablo habla de esto en 1 Corintios 1:18 y 2:14:

> Porque la palabra de la cruz es locura para los que se pierden, pero para nosotros, los que se salvan, es poder

---

descendiente literal de Dios el Creador, como si se tratara de algo similar a una relación sexual. Los términos Hijo de Dios e Hijo del Hombre se refieren a Jesús como el Mesías, y este uso proviene del Antiguo Testamento y era común durante el ministerio terrenal de Jesús.

de Dios. (1 Corintios 1:18)

El hombre natural no acepta las cosas del Espíritu de Dios, porque para él son una locura y no las puede entender, porque se disciernen espiritualmente. (1 Corintios 2:14)

La Biblia se convierte, para el lector y el hacedor de la Palabra, en la verdad completa de Dios. Se verifica a sí misma con el tiempo; se autentica mediante un poderoso testimonio interno del Espíritu Santo. Es fascinante cómo funciona esto y millones de cristianos lo han corroborado a lo largo de los siglos.

Debate tres

El cielo y el infierno

Hay un cielo y un infierno, no sólo un cielo y nada.
Los ateos no participan en este debate, porque niegan tanto el cielo como el infierno. Los agnósticos tampoco se incitan, excepto en tiempos de crisis. Dentro de la amplia comunidad cristiana es donde se puede escuchar el argumento.

Además de muchos pasajes sobre el infierno en las Escrituras, aquí hay lugares donde Jesús mismo habló de un infierno real: Mateo 5:29, 10:28, 18:9, 23:15, 23:33; Marcos 9:23; y Lucas 12:5[1]. Si el infierno es un lugar o algo indescriptible, nadie lo sabe. Sin embargo, es innegable que, bíblicamente hablando, es una separación completa y eterna del Dios Trino.

Como pastor de larga trayectoria, a menudo he deseado sinceramente que el infierno no fuera una realidad. Tengo seres queridos fallecidos que rechazaron totalmente cualqui-

---

[1] En estos pasajes, el término griego es *gehenna* y no el lugar de los muertos, que es *seol* en hebreo o *hades* en griego. *Gehenna* es el lugar definitivo y eterno de quienes están separados de Dios.

er cosa cristiana y esto siempre me preocupará. Pero esperar un cielo y no un infierno es solo una ilusión. Sería mejor negar ambos en lugar de solo la parte desagradable. Pero no puedo; No lo haré.

El volumen y el ritmo de la discusión sobre el infierno están aumentando, porque conecta con los dos primeros debates: la exclusividad de Jesús y la autoridad de la Biblia. Cuando la cultura objeta que los cristianos condenan a otros al infierno si no creen en Jesús, y cuando el creciente ejército de oposición proclama que esto es una arrogancia inaceptable sin el más mínimo atisbo de tolerancia y diversidad, ¿quién puede soportar la presión?

El argumento a favor de la tolerancia, la diversidad y la inclusión a menudo se basa en una apelación a la sinceridad fiel de los seguidores de otras religiones del mundo. ¿No basta con ser sincero? Es una pregunta difícil de responder, incluso para muchos cristianos.

Algunos se mantendrán firmes y se negarán a retirarse, eligiendo enfrentar las flechas del enemigo. Habrá bajas, algunos se ausentarán sin permiso, pero el hombre o la mujer de Dios, debidamente equipados con la armadura de Dios, resistirán[2].

El infierno no desaparecerá solo porque sea feo y repulsivo. Esta enorme barrera no será superada a pesar de nuestros más fervientes deseos. Es simplemente demasiado *ahí*.

---

2   La imagen metafórica de una batalla está maravillosamente expuesta por el apóstol Pablo en Efesios 6:10-20.

Debate quatro

Matrimonio entre personas del mismo sexo

Tras completar un borrador preliminar de este tema, lo presenté a un grupo de cristianos adultos para su consideración. Varios consideraron que este tema no debía ser objeto de debate, sino de conversación. Acepté la opinión de que podría derivar en cualquier dirección. Sigo esperando que se pueda conversar, pero muchos consideran que este asunto en particular es muy serio y crucial entre los cristianos.

A. **A continuación, se enumeran cinco razones por las que considero que este tema es un debate más que una conversación.**

1. Considerar la homosexualidad como aberrante y errónea no es exclusivo del cristianismo; de hecho, el judaísmo, el islam, el hinduismo, el budismo, el bahaísmo y otros consideran la conducta homosexual de manera similar. Ciertamente, las personas de cada religión tendrán ideas diferentes, pero la creencia fundamental de estos grupos está establecida.

2. Este tema toca la esencia misma de la creación de Dios y la naturaleza de los seres humanos. Dios, bíblicamente hablando quiso que la heterosexualidad fuera la norma. Y en muchos pasajes, la homosexualidad se presenta como una abominación. Encaja en la categoría de "fornicación", generalmente traducida como "inmoralidad sexual" y se refiere a cualquier sexualidad fuera del matrimonio entre un hombre y una mujer y Jesús la declara malvada en Marcos 7:20-23:

Y dijo: «Lo que sale de la persona es lo que la contamina. Porque de dentro, del corazón del hombre, salen los malos pensamientos, la inmoralidad sexual, el robo, el asesinato, el adulterio, la codicia, la maldad, el engaño, la sensualidad, la envidia, la calumnia, la soberbia y la necedad. Todas estas maldades salen de dentro y contaminan a la persona».

La postura de Pablo también es clara; afirma en 1 Corintios 6:9 que quienes practican la homosexualidad no heredarán el reino de Dios:

¿No saben que los injustos no heredarán el reino de Dios? No se dejen engañar: ni los inmorales, ni los idólatras, ni los adúlteros, ni los homosexuales, ni los ladrones, ni los avaros, ni los borrachos, ni los maldicientes, ni los estafadores heredarán el reino de Dios.

Aprobar el matrimonio entre personas del mismo sexo equivale prácticamente a negar el señorío y la deidad de Jesucristo y también a rechazar la autoridad de las Escrituras. Por lo tanto, la homosexualidad no es un asunto secundario; se encuentra en el centro de la controversia contraria al propósito de Dios en la creación, tal como se revela en la Biblia.

3. Aquellas denominaciones e iglesias cristianas que han optado por aprobar la homosexualidad, de una u otra forma, no parecen estar comprometidas con una ortodoxia

doctrinal histórica. Esto puede parecer un juicio de valor de mi parte y no me es posible documentar fuentes que respalden mi afirmación, pero aun así es una conclusión informada y realista. Bien podría encajar con el proverbial argumento de la "pendiente resbaladiza" que plantean muchos apologistas cristianos para advertir sobre el declive de la doctrina bíblica cuando se toman ciertas libertades. Sospecho que quienes promueven esta agenda política/social tan popular tienen un compromiso debilitado, si no nulo, con la proclamación del Evangelio de Jesucristo. Al menos, han cambiado sus prioridades. La salvación, la diferencia entre la eternidad en el cielo o en el infierno, ha quedado relegada a un segundo plano, ante la idea de asegurarles a los homosexuales que son perfectamente buenos y normales.

4. En la conversación sobre el matrimonio entre personas del mismo sexo, es evidente que no se tiene en cuenta el dramático impacto de la Caída. Me refiero a la rebelión contra Dios, tal como se registra en los primeros capítulos del Génesis. En el capítulo tres del Génesis, encontramos un juicio terrible pronunciado por el Creador sobre la vida que los humanos experimentarían después. Toda vida se ve afectada, incluida la sexualidad humana. Antes de la Caída, Adán y Eva estaban desnudos, sin culpa ni vergüenza. Una vez que se produjo la violación de la ley, Adán y Eva se escondieron de Dios y notaron que estaban desnudos. La inocencia desapareció y la culpa comenzó a descontrolarse. Nada ha cambiado mucho desde entonces.

5. El matrimonio es una representación histórica, dramática y profética de Cristo y la Iglesia. Jesucristo es el esposo y la Iglesia es la esposa. Cristo está en la Iglesia y la Iglesia está unida a Cristo. El matrimonio es, por lo tanto, una representación viva y real de la intención última de Dios: la unión

en una sola carne vivida en el mundo y que más allá de ella apunta a la vida eterna vivida en la presencia de Dios.

El matrimonio igualitario, ya sea un debate o una conversación, no desaparecerá, sino que permanecerá con nosotros a largo plazo. En definitiva, apoyar el matrimonio igualitario es básicamente aceptar la homosexualidad.

El matrimonio igualitario es el tema candente actual que enfrentan los cristianos. Es la primera línea de una batalla que podría resultar en lo más cercano a una verdadera guerra civil espiritual. Existe una fuerte presión para ser tolerantes y diversos y para aprobar el matrimonio igualitario, incluso dentro de la iglesia evangélica. La lucha por los derechos de las personas homosexuales se presenta como algo similar al movimiento por los derechos civiles de la década de 1960; en mi opinión, esta es una identificación falsa. El vínculo entre ambos —los derechos civiles y la igualdad para las personas homosexuales, que incluye la legalización del matrimonio igualitario— es artificial.

La homosexualidad es el tema central aquí. No se trata simplemente de querer que todas las personas tengan igualdad. Existe un problema más amplio que toda cultura debe afrontar primero: ¿Qué se considera un comportamiento y una práctica sexual aceptables? ¿Puede una persona ser igualitaria si sus preferencias sexuales se rechazan como anormales? ¿Existen formas de sexualidad que los humanos puedan practicar y que no deban fomentarse? La respuesta bíblica es: ¡Sí!

Para la mayoría, es evidente que las relaciones sexuales entre diversas combinaciones, como padre e hijo, adultos con niños o niñas pequeños, una persona con un animal, y las relaciones sexuales con familiares cercanos, están completamente fuera de los límites normales[1]. Para otros, las prohibiciones no

---

1 Los pasajes bíblicos que abordan este tema son Levítico 18:22, 20:13; Marcos 7:21; Romanos 1:18-25; 1 Corintios 6:9-10; y 1 Timoteo 1:9-10. Nota: La palabra "fornicación" se refiere a las relaciones sexuales fuera del matrimonio, cualquiera que sea su forma.

son tan claras. Una sociedad secular, especialmente una que valora la separación de la Iglesia y el Estado, no puede basarse en un documento religioso o espiritual como árbitro de lo objetable. Culturalmente hablando, hay poca o ninguna autoridad a la que apelar con respecto a la práctica homosexual y por extensión, al matrimonio igualitario.

Por lo tanto, es evidente por qué la cuestión de la autoridad es un debate externo que precede a este. Si no hay autoridad bíblica, ¿a qué podemos apelar? A poca, especialmente en un tribunal. Si la opinión pública es la norma, prevalecerán las voces más fuertes y una minoría puede eventualmente cambiar incluso la Constitución de los Estados Unidos. De hecho, las encuestas muestran amplias variaciones de opinión y como se mencionó anteriormente, existe un creciente apoyo al matrimonio igualitario en el ámbito cristiano evangélico.

¿Qué sucede si se pierde el esfuerzo por mantener el matrimonio entre un hombre y una mujer? Y es probable que se pierda tarde o temprano. Poco a poco, estado por estado, el matrimonio igualitario se convertirá en ley. La comunidad cristiana podría no resistir la embestida cultural. Ciertamente no todos estarán de acuerdo y podría haber desobediencia civil de diversas maneras por parte de quienes son fieles a la cosmovisión bíblica. Es precisamente aquí, con el matrimonio igualitario, donde la guerra civil de orientación cristiana se hará más evidente.

¿Será esto una línea divisoria? ¿Este asunto pondrá de relieve qué es y qué no es verdaderamente cristiano? Creo que fácilmente podría serlo.

Cuando me preguntan cómo sé que la conducta homosexual es desviada, solo recurro a los capítulos uno, dos y tres de Génesis y luego a Romanos 1:18-25. Luego digo: «Lee estos pasajes y forma tu propia opinión». A los cristianos no les preocupa lo que la cultura diga sobre la homosexualidad. Muchos grupos de personas y naciones enteras la han aceptado en mayor o menor medida. Eso es historia. Pero, desde un punto de vista bíblico, ¿es normal, buena y aceptable? ¿Debería, por lo tanto, aprobarse y normalizarse? Sin duda, se necesita valentía para defender y presentar argumentos bíblicos al respecto.

Un último punto que vale la pena mencionar: las encuestas que miden la creciente aceptación del matrimonio entre personas del mismo sexo revelaron que la actitud de las personas cambiaba de la desaprobación a la aprobación si conocían personalmente a un homosexual. Es similar a lo que le sucede a una persona que tiene seres queridos que murieron y no eran seguidores de Jesús; se resistían a creer en ese mal eterno, pensando que aferrarse a esa creencia equivalía a enviarlos allí.

Durante mis treinta años como voluntario en la prisión de San Quintín, entre los equipos de béisbol que dirigí había violadores en serie, pedófilos y una multitud de asesinos, además de narcotraficantes, ladrones y otros delincuentes de diversa procedencia. Algunos de estos hombres eran muy buenas personas, especialmente después de años de arduo trabajo para superarse. Esta experiencia no me ha hecho cambiar de opinión sobre los crímenes que cometieron. Conozco a varios homosexuales y algunos practican activamente la homosexualidad. Y me conocen lo suficientemente bien como para no imaginar que haya cambiado de opinión sobre la pecaminosidad de la conducta homosexual. Cuando estamos juntos el tema no surge, pero si surge y a veces ocurre, mi postura sigue siendo completamente bíblica. Ciertamente, mi opinión puede convertirse en minoritaria, pero aun así es válida.

Sección 2: Parte 1: Debate 4: Matrimonio, personas del mismo sexo

Sección 2, Continuación:
Debates y conversaciones

Parte 2:
Conversaciones intramuros

Conversaciones intramuros: Introducción

Una o dos de las conversaciones que cito podrían considerarse, según algunos, como parte de la sección de debates. Esto es, en sí mismo debatible. Los cristianos difieren entre sí, lo cual es normal y saludable. Probablemente no haya dos cristianos que estén de acuerdo en todo; a veces no estoy de acuerdo conmigo mismo y me mantengo abierto a la posibilidad de cambiar de opinión. En cuanto a lo que sigue, he mantenido diferentes puntos de vista sobre cada una de las conversaciones que llamó intramuros. Sin embargo, no ocurre lo mismo con los debates extramuros; mi postura al respecto se ha mantenido estable tras haber analizado los temas hace muchos años.

Las conversaciones no están ordenadas por importancia; las he ordenado alfabéticamente, porque desconozco su importancia relativa y supongo que cada cristiano las considerará de forma diferente. Algunos lectores se sentirán decepcionados por la brevedad de las discusiones; sin duda, cada una merece mucho más de lo que presento aquí, pero al menos las conversaciones han comenzado.

Conversación uno

El aborto

El aborto es repugnante para la mayoría, tanto cristianos como no cristianos. Muchos lo toleran, para algunos carece de sentido, e incluso para otros es simplemente una forma aceptable de control de la natalidad.

Una parte significativa de la comunidad cristiana se opone firmemente al aborto por cualquier motivo; para algunos, está bien en casos donde la vida de la madre está en peligro. Algunos lo criminalizarían en la mayoría de las circunstancias, otros se oponen, pero no hasta el punto de incluirlo en el código penal. Algunos están a favor de que se limite la práctica en cuanto a la etapa del embarazo permitida y existen también otros problemas.

El aborto es en gran medida, una conversación intramuros. Para muchos en ambos bandos, es un tema cautivador, incluso una obsesión que lo consume todo. Algunos ven el aborto como un asesinato y por lo tanto, es un problema grave; esta postura tiene fundamento bíblico.

Mi preocupación pastoral personal es por las mujeres que

han experimentado un aborto, pero también por los padres e incluso por quienes los realizan. La pérdida y la naturaleza traumática del procedimiento impactan espiritual y emocionalmente, por no mencionar físicamente, a todos los involucrados durante muchos años.

¿Un debate o una conversación? En mi opinión, es una conversación, a pesar de su capacidad de polarizar. Sin embargo, la esencia y el Evangelio del cristianismo bíblico no están en juego.

Conversación dos

El bautismo y la Cena del Señor

El bautismo y la Cena del Señor se ven de manera muy diferente de una denominación cristiana a otra en términos de lo que se imparte a través de ellos espiritualmente.

A. **¿Son estas ordenanzas o sacramentos?**

1. «Ordenanza» significa que los seguidores de Jesús reciben la instrucción de observarlas como un recordatorio de lo que Cristo hizo en su muerte, sepultura y resurrección, las cuales son fundamentales para la base de nuestra salvación, pero no son obligatorias para alcanzarla.

2. «El Sacramento» encarna la idea de que estos son necesarios para la salvación, especialmente el bautismo. En este caso, el bautismo lava el pecado original resultante de la caída de Adán y Eva y une a la persona a la Iglesia mediante un pacto o acuerdo. También puede otorgar la salvación al bautizado. Cabe destacar una matiz: los sacramentos no tienen valor salvífico, sino que ayudan a transmitir la gracia y la fe.

B. Primero, un vistazo al bautismo.

Jesús fue bautizado por Juan el Bautista y Él instruyó a sus discípulos a bautizar a quienes se convirtieran en sus seguidores (véase Mateo 28:16-20). Los 3000 convertidos en el Día de Pentecostés fueron bautizados ese mismo día (véase Hechos 2:41), Felipe bautizó a quienes se convirtieron bajo su ministerio (véase Hechos 8:9-13,34-38), Pablo fue bautizado al convertirse (véase Hechos 9:18), Pedro bautizó a quienes se convirtieron bajo su ministerio (véase Hechos 44-48) y Pablo hizo lo mismo (véase Hechos 16:11-15, 25-34). Hay más, pero esto basta.

Somos bautizados porque Jesús así lo quiso y la Iglesia primitiva continuó con esta práctica.

El método del bautismo varía. La palabra en sí, derivada del griego del Nuevo Testamento, significa sumergir, mojar o sumergir. Los bautistas sumergen para representar la muerte, sepultura y resurrección de Jesús. Es a la vez una identificación con Jesús, una proclamación de la historia esencial del Evangelio y un acto de obediencia.

Otros rocían con agua o la vierten sobre la cabeza. Yo, debido a diversas circunstancias, he hecho ambas cosas. Si bien es probable que ninguno de los dos sea el método empleado por Juan el Bautista o los Apóstoles, para la persona bautizada puede ser muy significativo. Debemos tener cuidado de no caer en el pensamiento mágico al insistir en que la metodología debe mantenerse a la perfección o el acto carece de eficacia.

C. En segundo lugar, un vistazo a la Cena del Señor.

Comunión, Eucaristía, Misa: estos términos significan lo mismo que la Cena del Señor. Es una celebración, incluso una recreación, de la Cena Pascual que Jesús compartió con sus discípulos la noche en que fue traicionado. La institución de la Cena del Señor se encuentra en Mateo 26:26-29, Marcos 14:22-25 y Lucas 22:14-23. (No hay relato de la Cena del Señor en el Evangelio de Juan). Aquí está la versión de Mateo:

Mientras comían, Jesús tomó el pan, lo bendijo, lo partió y se lo dio a sus discípulos, y dijo: «Tomen, coman; esto es mi cuerpo». Y tomando una copa y habiendo dado gracias, se la dio, diciendo: Bebed de ella todos, porque ésta es mi sangre del nuevo pacto, que por muchos es derramada para perdón de los pecados. Os digo que no volveré a beber de este fruto de la vid, hasta aquel día en que lo beba nuevo con vosotros en el reino de mi Padre.

(Antes de continuar, cabe señalar que la "bendición" del pan no es una fórmula mágica que lo convierte en algo más que pan. Más bien, es agradecer a Dios por su provisión y gracia, como vemos más claramente en la frase "dar gracias" al introducir Jesús la copa).

En el relato de Lucas, Jesús declara: "Hagan esto en memoria de mí" (Lucas 22:19). Pablo usa este mismo concepto en 1 Corintios 11:23-26:

Porque yo recibí del Señor lo que también les he enseñado: que el Señor Jesús, la noche que fue entregado, tomó pan y habiendo dado gracias, lo partió y dijo: «Esto es mi cuerpo que es para ustedes; hagan esto en memoria de mí». De la misma manera, después de cenar, tomó también la copa, diciendo: «Esta copa es el nuevo pacto en mi sangre; hagan esto todas las veces que la beban, en memoria de mí». Porque todas las veces que coméis este pan y bebéis esta copa, anunciáis la muerte del Señor hasta que él venga.

A lo largo de los siglos, especialmente cuando no se tenía acceso a los relatos escritos de la Biblia, celebrar la Cena del Señor era una presentación visual del Evangelio que abarcaba los fundamentos de nuestra fe: la muerte, sepultura y resurrección de Jesucristo.

¿Con qué frecuencia debe celebrarse la Cena del Señor? Algunos cristianos la celebran una vez al año, generalmente en la Pascua judía; otros trimestralmente, otros mensualmente y otros semanalmente. «Que cada uno decida» funciona.

Conversación tres

El gobierno de la Iglesia

Esto es prácticamente irrelevante para la mayoría de las personas, tanto cristianas como no cristianas, pero históricamente hablando, existen algunos aspectos interesantes que resultan problemáticos incluso en la actualidad. Y debe reconocerse que algunos creen que solo existe una forma verdaderamente bíblica de gobierno eclesiástico.

A. Tres formas básicas de gobierno eclesiástico que se encuentran en las Escrituras.

1. Congregacional: significa gobierno por parte de la congregación, mediante un modelo similar a la democracia. Los bautistas se adhieren a este modelo junto con otras denominaciones cristianas.

2. Episcopal: es una forma de gobierno de arriba hacia abajo con un estilo de liderazgo jerárquico. La Iglesia Católica Romana, la Ortodoxa Oriental, la Iglesia Anglicana/Episcopal, los Metodistas y otras se adhieren a esta forma.

3. Presbiteriano: el tercer modelo, es el gobierno por ancianos seleccionados. Las iglesias presbiterianas y las denominaciones reformadas se incluyen en esta categoría.

B.   Todo lo anterior.

Mi primer pastorado fue en una Iglesia Bautista del Sur, y aunque se suponía que era democrática con un sistema de un miembro, un voto, en realidad los diáconos tomaban todas las decisiones. Así que en realidad, era una mezcla de congregacional y presbiteriano. Mi segundo pastorado fue diseñado desde el principio para ser presbiteriano, con la congregación seleccionando a los líderes, pero de hecho los líderes fueron seleccionados en gran medida por el pastor principal al principio (yo) y luego con el tiempo, por los ancianos existentes. Ahora en mi tercer y último pastorado, nuestra forma de gobierno se describe mejor como una dirigida por el pastor, con una mezcla de elementos congregacionales y presbiterianos. Esta fusión no es tan inusual y sospecho que sería difícil encontrar una iglesia, sea cual sea su denominación, que se adhiera exclusivamente a una sola forma.

C.   Un breve análisis de los estilos de organización que se encuentran en las Escrituras:

1. Antiguo Testamento

A partir de Moisés, a mediados del segundo milenio a. C., Moisés ocupa la cúspide y gobierna según la Ley dada en el Monte Sinaí. Más tarde, por intervención de Jetro, suegro de Moisés, Moisés nombra jueces y administradores y la responsabilidad de gobernar se extiende.

Después de Moisés, hubo un período en el que Dios seleccionó y empoderó a jueces sobre los israelitas, como Débora y Sansón. No está claro cómo funcionó esto en realidad; en el Libro de los Jueces, simplemente se dice que Dios suscitó a ciertas personas para guiar al pueblo. Hacia finales del primer milenio a. C., el pueblo de Israel exigió un rey como las naciones circundantes. Dios accedió y comenzando con Saúl, los reyes de Israel actuaron como los reyes de sus numerosas y pequeñas ciudades-estado vecinas. En varios momentos, profetas como Elías fueron enviados para que Israel volviera a la comprensión básica de que el Señor Dios era su verdadero Rey.

2. Transición a los tiempos del Nuevo Testamento

Durante gran parte de la historia de Israel, las potencias extranjeras conquistadoras gobernaron en lugar de un rey, sacerdote o profeta israelita, comenzando con Asiria, luego Babilonia, Grecia, Egipto, Siria y finalmente Roma. Fue bajo el emperador Tiberio que Jesús caminó sobre la tierra. Cuando Pablo escribió Romanos 13, que contiene un mandato para obedecer a los líderes del país, Nerón era el emperador.

La iglesia primitiva parece haber sido una mezcla de modelos congregacional, episcopal y presbiteriano. Jesús nombró a los Doce, y la pérdida de Judas motivó a la iglesia primitiva a reemplazarlo. Debido a la directiva de Pedro (Hechos 1:12-26) la congregación seleccionó a dos hombres que pudieran reemplazar a Judas y uno fue elegido por sorteo. Poco después, surgió la necesidad de funcionarios administrativos o sirvientes para ayudar a los apóstoles con las tareas mundanas. A petición de los Doce, la congregación propuso siete "diáconos" (véase Hechos 6:1-6).

En el capítulo 15 de los Hechos, alrededor del año 50 d. C., se convocó un concilio en Jerusalén para resolver asuntos cruciales. Allí, tanto apóstoles como ancianos actuaron con cierta autoridad compartida. La cabeza de la iglesia parece haber sido Santiago, medio hermano de Jesús (véase Hechos 15:1-21). Tras lo que probablemente fue una discusión considerable, este concilio en Jerusalén concluyó con una decisión, expresada por Santiago. Lucas, el autor de los Hechos, registra la decisión: «Por tanto, mi juicio es...», y luego Santiago detalla su decisión. Se desconoce hasta qué punto expresó la opinión de la mayoría de los apóstoles, ancianos y la congregación en general. Pero, como mínimo, existe una combinación de las tres formas principales de gobierno en cuestión.

Un poco más sobre el tema: En Efesios 4:11, Pablo enumera a apóstoles, profetas, evangelistas, pastores y maestros —probablemente cuatro oficios, ya que pastores y maestros parecen ser uno solo gramaticalmente— como líderes de la iglesia. Su responsabilidad era capacitar a los miembros de las iglesias para el servicio, no para funcionar como autoridades gobernantes. En 1 Corintios 12:27-30, Pablo ofrece una lista más amplia de líderes: «Y Dios ha puesto en la iglesia, primeramente apóstoles, luego profetas, lo tercero maestros, luego los que hacen milagros, después los que sanan, los que ayudan, los que administran y los que tienen diversos géneros de lenguas» (1 Corintios 12:28). El nombre de los «oficios» no aclara mucho las cosas, ya que podrían pertenecer a cualquiera de las tres formas de gobierno o a cualquier combinación de las tres.

D. ¿Es el modelo correcto?

En mi opinión, no sirve afirmar que una forma de gobierno se acerca más a la práctica bíblica que otra. De mayor importancia es la relación entre la iglesia y el gobierno secular.

La perspectiva de Pablo pone las cosas en perspectiva: «Sométase toda persona a las autoridades superiores; porque no hay autoridad sino de parte de Dios, y las que hay, por Dios han sido establecidas» (Romanos 13:1). Esto no implica que todo político vil, corrupto y asesino sea puesto en el poder por la voluntad expresa de Dios, sino que es preferible la ley y el orden, no el caos y la anarquía.

La separación de la iglesia y el estado se deriva de este principio bíblico. La Iglesia aplicará su propia disciplina y cómo lo hace es, en el mejor de los casos, difícil de determinar, pero ciertamente la Iglesia no persigue el asesinato, el robo, etc. Puede actuar en áreas como los celos, la envidia, el orgullo, etc., pero existe una separación, a diferencia de otras religiones, como la *Sharia* islámica.

Los gobiernos eclesiásticos dentro de una misma iglesia pueden cambiar con el tiempo. Al principio, el gobierno puede ser más jerárquico y luego transformarse en algo diferente. Cualquiera que sea la forma de gobierno de una iglesia, desde los líderes hasta los nuevos miembros, todos deben ver que Jesús es la cabeza de la Iglesia, tanto universal como local. Todos los que ejercen autoridad lo hacen como siervos. Sin embargo, debido a nuestra naturaleza caída, siempre existe la tentación de aferrarse al poder, y así se instala cierta corrupción. Quizás sea mejor que una iglesia funcione con un cierto equilibrio entre las tres formas de gobierno que se detectan en las Escrituras.

Conversación quatro

El divorcio y nuevo matrimonio

El divorcio es algo que debe evitarse, siempre que sea posible, y pocos lo discutirían.

A.   Cristianos y divorcio

La mayoría de los cristianos reconocen que algunos divorcios son necesarios, mientras que otros insisten en que es inaceptable por cualquier motivo. Las diferencias dentro de la comunidad cristiana son bastante alarmantes y he descubierto que algunos piensan que el divorcio es contagioso. Algunos dicen que aceptar el divorcio y el nuevo matrimonio es como la proverbial pendiente resbaladiza, que una vez que se empieza a resbalar, puede ser un largo tobogán. La mayoría de los cristianos coinciden en la importancia de ser fieles a una agenda bíblica.

Las reacciones extremas al divorcio y al nuevo matrimonio pueden ser desagradables ya que las personas divorciadas suelen ser estigmatizadas o incluso rechazadas. Sin embargo, las estadísticas muestran que la mitad de los matrimonios en

Estados Unidos por ejemplo, terminan en divorcio. Sería de esperar que la restauración, la reconciliación y la aplicación de una gracia misericordiosa fueran prioritarias. Esto se encuentra con mayor frecuencia en lo que muchos consideran iglesias "liberales", pero no siempre es así.

He tenido experiencia el divorcio y el nuevo matrimonio, ambos siendo pastor[1]. El resultado fue más que desagradable para todos los involucrados. Incluso después de muchos años, todavía hay repercusiones. Como resultado, he luchado con este tema intensamente. Para mí, la pregunta más importante era si una persona, incluso un pastor, podía ser restaurada y aceptada de nuevo en el ministerio cristiano, bíblicamente hablando. La reacción de muchos pastores fue simple: no; no podía reincorporarse al ministerio, especialmente si esa persona se volvía a casar. Pero, afortunadamente, había otras respuestas. No se trata de si el divorcio es malo, lo es; la cuestión es si es algún tipo de pecado imperdonable o uno que descalifica a la persona para el liderazgo de la iglesia o incluso para la comunión. Después de más de cuatro décadas como pastor, he visto pecados peores que el divorcio o el nuevo matrimonio. ¡Cuán mortales son los pecados de orgullo, envidia, avaricia, celos, y la lista sigue y sigue! y rara vez se abordan. La disciplina en la iglesia puede ser bastante rígida.

B.   Dios y el divorcio

El divorcio no es la voluntad de Dios. La intención divina es que un matrimonio perdure hasta la muerte. Tenemos claro este punto y también es claro que no debemos pecar en absoluto, sino ser perfectos como Dios mismo es perfecto. Sin embargo, tenemos una naturaleza caída y vivimos en un mundo caído. Aunque somos nuevas criaturas en Cristo, aún no estamos en nuestros cuerpos de resurrección en la presencia de Dios y

---

1 No cabe duda de que los pastores y otros líderes están sujetos a estándares más elevados.

enfrentamos una severa guerra espiritual. Muchas batallas se pierden en el camino.

Es indudable que Moisés permitió el divorcio, al igual que Jesús y Pablo. Ambos defendieron la intención original de Dios de que no hubiera divorcio, pero comprendían la dureza del corazón de los seres humanos. Por lo tanto, el divorcio existiría por razones correctas o incorrectas. ¿Qué sucede entonces? Y es aquí donde la comunidad cristiana está dividida.

C. Segundas nupcias

El tema del nuevo matrimonio para el cristiano es aún más problemático que el divorcio. Algunos consideran que volver a casarse es un adulterio continuó, una segunda "una sola carne", por lo tanto, contrario al propósito expreso de Dios.

Pero entonces, se puede argumentar que Dios no pretendía que hubiera mentiras, robos, envidias, celos, orgullo, etc. Una vez cometido, ¿el ladrón siempre es ladrón, el mentiroso siempre mentiroso, el orgulloso siempre condenado? Si es así, todos somos culpables y por lo tanto, más vale que todos abandonemos la esperanza.

¿Deben los cristianos divorciados permanecer solteros? Curiosamente, esto se convierte en el problema más importante y el punto álgido de la discordia. Algunos dicen que los divorciados deben permanecer solteros, mientras que otros se adhieren al arrepentimiento del pecado del divorcio y la posibilidad de volver a casarse.

¿La sangre de Jesús limpia todo pecado, pasado, presente y futuro o solo los pecados cometidos antes de la justificación del cristiano? ¿Se puede perder la salvación si se divorcia? ¿Por qué el apóstol Juan escribió a los cristianos: «Si confesamos nuestros pecados, él es fiel y justo para perdonar nuestros pecados y limpiarnos de toda maldad» (1 Juan 1:9)?

D. ¿Gracia versus obras?

Es cierto que la perspectiva que cada uno tiene sobre la conversión y la salvación es fundamental. Quienes confían en las «obras» y por lo tanto, en la posibilidad de perder la salvación, estarán en desacuerdo con quienes confían en la misericordia y la gracia de Dios, con las buenas obras como consecuencia. Ciertamente, la gracia no es una excusa ni una licencia para pecar, pero sí nuestro pecado prevalece sobre la gracia gratuita de Dios en Cristo, el cielo estará prácticamente deshabitado.

Divorcio y nuevo matrimonio: ¿un gran debate o una conversación? Hasta ahora, la mayoría de los cristianos han coincidido en discrepar sobre este tema, convirtiéndolo en una conversación, por muy controvertida que sea.

Conversación cinco

El ecumenismo

La cuestión aquí es si un cristiano puede cooperar, tener comunión o tener alguna conexión con quienes no profesan una confesión de fe en particular.

En 1986, un año después de convertirme en pastor de la Iglesia Bautista Miller Avenue en Mill Valley, consideré conveniente establecer una comunidad de pastores locales. En 2014, al menos cuatro de las iglesias siguen celebrando un servicio conjunto de Viernes Santo. Ha sido una gran experiencia desde el principio. Sin embargo, algunos dicen que violé el principio de separación secundaria, es decir, el requisito de negarse a asociarse con cualquiera que estuviera en pecado o se adhiriera a una doctrina "falsa". Tras examinar el asunto, concluí que si llevábamos la práctica de la separación secundaria a su extremo obvio, cada uno de nosotros acabaría completamente solo.

Soy bautista (una denominación protestante) por convicción, pero trabajo y tengo comunión regularmente con casi todos los que se identifican como cristianos, incluyendo otros protestantes, pentecostales, católicos, ortodoxos orientales y algunos que afirman no ser ninguno de los anteriores. Debo admitir que en algún momento me negué a aceptar lo que a menudo se denomina reuniones "interreligiosas". Tras participar en el grupo interreligioso del condado de Marin, me sentí incómodo al tener que aceptar y al menos aprobar tácitamente, las prácticas y doctrinas de religiones extrañas y radicalmente no cristianas (en realidad, anticristianas) como la wicca y el chamanismo. Sin embargo, he descubierto que la interacción con personas de otras religiones me ha proporcionado un ministerio que de otro modo no habría tenido y que mi participación ha dado buenos frutos. No obstante, sé que la mayoría de los evangélicos son escépticos con respecto a estas organizaciones.

En un momento de mi vida fui un aislacionista bastante estricto, relacionándome solo con los bautistas del sur, denominación en la que me convertí, ordené y recibí una educación parcial. Las cosas cambiaron para mí cuando descubrí que el Espíritu era más fuerte que la sangre.

Cada vez más, el ecumenismo se ha convertido más en una conversación que en un debate. Esto no pretende ocultar los peligros de un sincretismo que vacía la mente con el único fin de convivir. Los cristianos pueden defender firmemente las doctrinas fundamentales y mantener sus características distintivas sin temor a la contaminación, y descubren que cooperar para satisfacer las necesidades humanas amplía el testimonio cristiano.

Conversación seis

Los escenarios del fin de los tiempos

Escatología es una palabra compleja que se relaciona con la perspectiva sobre el último período de la vida en el planeta Tierra. La relación entre el fin de la historia y la Segunda Venida de Cristo plantea varias preguntas:

1. ¿Habrá un milenio (es decir, un reinado terrenal de Jesucristo)?

2. De ser así, ¿la Segunda Venida ocurrirá antes o después de ese período?

3. ¿Removerá Cristo la iglesia antes de un período de tribulación, o regresará y establecerá su reino solo después de ese período?

Perspectivas milenaristas

Las perspectivas "post", "pre" y "a" milenaristas se han mantenido prácticamente a lo largo de toda la historia de la iglesia. Una perspectiva más reciente (de mediados del siglo XIX) es el Dispensacionalismo, similar al Premilenialismo, pero con diferencias.

A. Postmilenialismo: Cristo regresa después del milenio

1. El avance del evangelio es tan exitoso que el mundo se convierte. El reinado de Cristo en los corazones humanos será universal y completo. La paz prevalecerá y el mal será desterrado.
2. Un principio fundamental del Postmilenialismo es la propagación exitosa del Evangelio. Ha sido popular durante períodos en los que la iglesia parecía estar logrando su tarea de conquistar el mundo. El regreso de Cristo ocurre después de un período milenial de 1000 años.

B. Premilenialismo: Cristo regresa antes del milenio

1. Aquí Jesús regresa, generalmente después de un período de tribulación o persecución de la Iglesia y luego reina durante mil años en la tierra.
2. Después de este reinado terrenal, el reino eterno de Dios comienza en el cielo.
3. Esta es posiblemente la posición histórica de la Iglesia.

C. Amilenialismo: Cristo regresa y no hay un período milenial.

1. No habrá milenio, es decir, no habrá un reinado terrenal de mil años de Cristo.
2. A pesar de la simplicidad del amilenialismo y la claridad de su principio central, es difícil de comprender en muchos sentidos. Esto se debe a que su característica más notable es negativa (la ausencia de milenio), lo cual eclipsa sus enseñanzas positivas.
3. Además, los milenaristas tienen dificultades con Apocalipsis 20:4-6, interpretándose simbólicamente (como hizo Agustín). Consideran las siete secciones del

Apocalipsis como recapitulaciones del período comprendido entre la primera y la segunda venida de Cristo.

4. Además, señalan que en ningún otro lugar de las Escrituras se menciona un reinado de mil años de Cristo; más bien, entienden que el milenio de mil años es el período comprendido entre la primera y la segunda venida.

D. Dispensacionalismo: Cristo regresa tras el rapto o la ascensión de la Iglesia.

1. Existen diferencias considerables entre los dispensacionalistas, pero en pocas palabras, hay un rapto o ascensión de la Iglesia de la tierra; algunos dicen que es en secreto, otros que "de forma ruidosa".

2. Luego comienza un período de tribulación, que puede durar siete o tres años y medio. Después, hay un segundo regreso de Jesús, abierto y visible y Él establece un reinado de mil años desde Jerusalén.

3. Israel se convertirá masivamente durante el milenio. A esto le sigue una liberación de Satanás en el poder por un breve período, pero es destruido por Jesús en un tercer regreso.

4. Los dispensacionalistas ponen gran énfasis en el pacto de Dios hecho con la nación de Israel, como se ve en el Antiguo Testamento. Estos se toman literalmente y no se consideran material profético sobre el único Pueblo de Dios. Jesús se sentará en el trono de David y gobernará el mundo desde Israel.

5. Los no dispensacionalistas ponen menos énfasis en la nación de Israel, sosteniendo en cambio que el lugar especial de Israel se encontrará dentro de la Iglesia.

Los acalorados debates sobre el "qué", el "cómo" y el "cuándo" del fin de los tiempos se han apaciguado considerablemente entre los cristianos; sin embargo, el regreso de Cristo sigue siendo un sólido principio de fe, como debe ser. El Antiguo y el Nuevo Testamento lo expresan claramente: Jesús prometió regresar y el Credo de los Apóstoles dice: "Y de nuevo vendrá para juzgar a vivos y muertos".

Actualmente, el posmilenialismo ha recuperado algo de fuerza, pero muchos aún defienden el premilenialismo. El amilenialismo, que posiblemente también tenga raíces históricas, está ganando popularidad. El dispensacionalismo, muy popular durante más de un siglo, está actualmente en declive.

Los detalles de la Segunda Venida de Cristo, un tema de gran interés para mí y para innumerables cristianos, ahora son más comunes y con frecuencia se escucha: "Ya veremos cómo se desarrolla todo".

Lo que todos los cristianos creen es que Jesús reinará como Señor de señores y Rey de reyes por los siglos de los siglos con todos los santos de todos los tiempos, que habrá un gran Día del Juicio Final y que aquellos cuyos nombres no estén escritos en el Libro de la Vida, junto con todo el reino demoníaco, serán arrojados al infierno por los siglos de los siglos. Al final, Jesús y su Iglesia triunfarán.

Conversación siete

Los dones del Espíritu Santo

Existen diferencias significativas en la forma en que los cristianos abordan el tema de los dones *carismáticos* del Espíritu Santo.

Generalmente se acepta que, tras la conversión, que es el acto de Dios en la salvación, el Espíritu Santo mora en cada nuevo cristiano. Es obra del Espíritu Santo aplicar el acto salvífico de Jesucristo a la persona mediante el perdón de los pecados, colocándola en el Cuerpo de Cristo que es la Iglesia invisible. Por lo tanto, es el Espíritu Santo quien justifica, glorifica, santifica y sella a todos los que ahora están en Cristo.

A.   Listas de los dones en el Nuevo Testamento

Existen listas de dones carismáticos o de gracia que se otorgan a los cristianos nacidos de nuevo en Romanos 12:6-8 y 1 Corintios 12:4-11. Es posible que se mencione un don adicional en 1 Corintios 7:6-7.

B.   Cesacionismo

Algunos argumentan que los dones carismáticos del Espíritu

Santo desaparecieron o se volvieron innecesarios después de la Era Apostólica y la publicación del Nuevo Testamento. Usamos el término "cesacionista" para identificar esta postura.

Por supuesto, existen variaciones sobre el tema. Algunos sostienen que solo los llamados dones de poder ya no están vigentes: milagros, hablar en lenguas, sanidades y quizás uno o dos más, mientras que otros como la fe, contribuir, liderar y algunos otros siguen activos en la Iglesia.

C. Continuacionista

Una segunda perspectiva se denomina "continuista", lo que significa que todos los dones del Espíritu Santo siguen operando.

Mi propia perspectiva se encuentra a medio camino entre estas dos y basándome principalmente en mi experiencia, propongo que los dones de poder del Espíritu Santo pueden estar operando ocasionalmente, especialmente en tiempos de despertar y avivamiento, mientras que en la mayoría de los tiempos "normales" no lo están. Sin duda, esta perspectiva da lugar a un debate bastante animado.

D. Bautismo del Espíritu Santo

El bautismo del Espíritu Santo es otro punto de discordia entre los cristianos. Juan el Bautista dijo que uno que vendría después de él bautizaría con el Espíritu Santo y fuego (véase Mateo 3:11-12). Las interpretaciones de esto son muy variadas. Algunos dicen que este bautismo resulta, o debería resultar, en hablar en lenguas. Mi propia opinión es que el bautismo del Espíritu Santo nos capacita para ser testigos y predicadores del Evangelio y esto proviene de la misma boca de Jesús:

> Así que, reunidos, le preguntaron: «Señor, ¿restaurarás el reino a Israel en este tiempo?». Él les respondió: «No os corresponde a vosotros saber los tiempos ni las épocas que el Padre ha fijado con su propia autoridad. Pero recibiréis poder cuando el Espíritu Santo venga sobre

vosotros, y seréis mis testigos en Jerusalén, en toda Judea y Samaria, y hasta lo último de la tierra». (Hechos 1:6-8)

Independientemente de lo demás que implique, los cristianos deben ser llenos o bautizados con el Espíritu Santo para estar mejor preparados para presentar a Jesús a un mundo perdido.

Conversación ocho

La música en la Iglesia

Se permite música en los servicios religiosos? De ser así, ¿solo voces o también instrumentos? Y si se permiten instrumentos, ¿qué límites se deben establecer? ¿Se permite solo órgano o piano, o se puede añadir guitarra, violín o incluso una banda completa con batería?

A.   Citas bíblicas

Hay denominaciones enteras que excluyen la música del culto semanal, basándose en pruebas más o menos válidas de las Escrituras: bueno, ¿había guitarras eléctricas tocando en las iglesias mencionadas en el Nuevo Testamento? Probablemente no y probablemente tampoco batería, órgano, piano ni pandereta (bueno, tal vez una pandereta).

Sí se mencionan instrumentos musicales en el Antiguo Testamento: los que se usan en el culto del templo, como se indica en algunos Salmos. Los instrumentos no se mencionan claramente en el Nuevo Testamento, pero había "salmos, himnos y cánticos espirituales" (véanse Efesios 5:19 y Colosenses 3:16).

Entonces, ¿es la música en la iglesia un debate o una conversación? Mi respuesta es una conversación.

B. El propósito y los efectos

Pero lo que realmente preocupa aquí no es si debe haber música en la iglesia, sino cómo se usa. Sobre este punto se está hablando mucho.

¿Acaso la adoración ocurre solo cuando la banda toca? ¿Es el momento en que los ojos están cerrados, las manos en el aire y los pies hacen el "arrastre cristiano" la verdadera adoración?

Según algunos, la música es la verdadera adoración, no el llamado a la adoración, ni el tiempo de oración y meditación, ni cuando se lee la Escritura, ni se toma la ofrenda, ni se predica el sermón, ni se da la bendición. No, solo cuando la música lleva a la persona a un estado cercano a un ligero trance, hay adoración impulsada por el Espíritu Santo.

Quizás no se comprendan del todo los efectos de la música. La música puede ser engañosa, ya que expone las emociones a la luz, dándoles influencia sobre el razonamiento mental o incluso discerniendo el mensaje de Dios en otras partes del servicio.

C. ¿Qué pasa con las letras?

Y no importa qué letra se cante. El nombre de Jesús puede ser lo más importante y las palabras tener un contenido bíblico, pero ese no es el punto. La música se ha convertido en el centro de atención; en algunos lugares, se apodera de los servicios de adoración para parecer más un evento de entretenimiento que una adoración con orientación bíblica. Una respuesta entusiasta a la música, con movimientos visibles y audibles al ritmo, se ha convertido en la marca o indicador de si el Espíritu Santo ha "aparecido" o no.

A nosotros, los rockeros de antaño, nos encanta movernos y bailar al ritmo. Durante años toqué en una banda llamada Joyful Noise, y hasta el día de hoy dirijo una pequeña banda de alabanza, tocando la misma guitarra que en 1968, cantando a todo pulmón las antiguas canciones de las personas de Jesus (Jesus People). Sin embargo, esto puede separar mucho la forma en que la música puede usarse para manipular las emociones.

¿Está el Espíritu Santo presente en un sentimiento? ¿Puede el Espíritu Santo... ¿El Espíritu impulsa o influye en nuestras emociones? ¿Debemos ser emocionalmente insensibles para ser bíblicamente correctos? En mi opinión, nadie sabe las respuestas a estas preguntas. Incluso ahora, a finales de 2014, la escena musical cristiana está cambiando, en algo que no estoy seguro, pero que cambiará con el tiempo.

Conversación nueve

Los orígenes

¿Cuándo y cómo creó Dios el universo? Los cristianos creyentes en la Biblia responden a esta pregunta de diversas maneras y se aborda en miles de libros sobre el tema. A continuación, un breve resumen de las opciones habituales.

Algunos tendemos a relegar a un segundo plano a quienes ven las cosas de manera diferente al interpretar el Génesis. Sin embargo, existen diversas interpretaciones articuladas en la amplia comunidad cristiana sobre cuándo y cómo se configuró la creación. Gran parte de esto depende de cómo se interprete la Biblia, pero todas las perspectivas presentadas aquí se encuentran dentro del amplio espectro de posibilidades que se mantienen fieles a las categorías bíblicas, según mi perspectiva.

A. Creacionista

En primer lugar, la perspectiva *creacionista* clásica postula una Tierra joven, con una antigüedad de entre 6.000 y 10.000 años, en la que los humanos vagaban por la Tierra coexistiendo con los dinosaurios. Los pilares de esta perspectiva son una creación literal en seis días reales de veinticuatro horas, un verdadero Jardín del Edén, los primeros humanos, Adán y Eva y su *caída* en el pecado que resultó en la muerte y un diluvio universal en la época de Noé. Hay mucho más que esta simple interpretación, pero esta es su esencia.

B.   Diseño inteligente

En segundo lugar, *el diseño inteligente* o DI y en la versión cristiana, el Dios Creador construye los elementos vitales de la vida. Hay tantas maneras en que cristianos y no cristianos ven el DI que resulta imposible presentar todas las opciones. Una explicación limitada y generalizada postula que toda la vida observada se debe a un gran diseño divino. Los defensores del DI pueden aceptar una Tierra vieja o joven, y pueden aceptar una interpretación literalista de los relatos de la creación del Génesis.[1] En esencia, todo el ADN ha sido programado por Dios de tal manera que, incluso si el darwinismo, es decir, la selección natural con mutaciones, estuviera vigente, estaría dentro de los límites del plan de Dios y se movería únicamente según los dictados del Diseñador.

C.   Evolución teísta

En tercer lugar, *la evolución teísta* acepta cualquier afirmación científica sobre los orígenes. Se aferra a una Tierra y un universo antiguos creados hace unos 13.400 millones de años, con un desarrollo gradual de las formas de vida hasta lo que podemos observar hoy. Si toda la vida en la Tierra emanó de las condiciones presentes en una sopa primigenia que sentó las bases para la primera molécula, entonces Dios originó ese método.

D.   Combinación de perspectivas

La cuarta perspectiva es una que combina elementos de las

---

 1   Algunos encontrarán dos o tres relatos diferentes de la historia de la creación en Génesis: el primero en Génesis 1:1 a 2:3; un segundo en Génesis 2:4-25; un tercero en Génesis 5:1-2.

tres primeras. (Que yo sepa, esta perspectiva no tiene título ni otra identificación hasta el momento). Aquí se reconoce una creación literal de Adán y Eva sin especificar períodos de tiempo. El Dios Creador estableció en el ADN la capacidad de adaptarse a cualquier condición del entorno que los humanos encontrarán, por lo que también se acepta el Diseño Inteligente. Esto permite el darwinismo, o más precisamente, el neodarwinismo, y cualquier descubrimiento científico que se produzca en el proceso. Esta perspectiva acepta las objeciones sobre casi todo, es consciente de la abundancia de misterios y no se preocupa demasiado por los detalles.

Hoy en día, un número cada vez mayor de cristianos disfruta de las conversaciones sobre los orígenes, las encuentran entretenidas, incluso emocionantes y no les preocupa la ortodoxia de quienes adoptan una postura diferente.

Esto es una conversación, no un debate decisivo.

Conversación diez

Política y Guerra

¿Pertenecen los cristianos exclusivamente a un partido político en particular? No, claro que no, pero hay que reconocer que muchos no cristianos piensan lo contrario, sobre todo en Estados Unidos.

A.   Sobre la política

Uno puede ser políticamente conservador o liberal y aun así ser un auténtico santo nacido de arriba, salvo. Estas personas también pueden compartir el vínculo común de la presencia del Espíritu Santo que mora en nosotros y adorar juntos en la misma congregación local. ¡Tanto el conservador "acérrimo" como el liberal "progresista" pueden estar entre los elegidos de Dios! Probablemente sería señal de una naturaleza tóxica o sectaria encontrar una iglesia claramente homogénea en cuanto a afiliaciones políticas.

Y las personas cambian con el tiempo. Los jóvenes tienden a desarrollar opiniones que las personas mayores rechazan, y viceversa. Es casi como el movimiento del péndulo que oscila lentamente de un extremo a otro. A medida que el ritmo de vida se ralentiza, tiende a descubrirse un punto medio que abarca tanto la izquierda como la derecha, abarcando elementos de cada una.

Los cristianos que viven en diferentes partes del país o del mundo verán la vida a través de sus propias experiencias y la cosmovisión o paradigma dominante en su región tendrá un tremendo efecto en su política e interacciones con el gobierno. Algunos verán al gobierno como protector, otros como enemigo. Quienes pertenecen a una clase socioeconómica más alta se identificarán de manera diferente. Estas tendencias son parte de la esencia humana, incluyendo los efectos de la Caída, el pecado y el diablo.

B. Sobre la guerra

En cuanto a la guerra, hay quienes lucharán por su país y quienes apoyarán la causa de su nación, pero no tomarán las armas. El objetor de conciencia está dentro de los límites de cumplir con su deber hacia Dios y hacia el prójimo. Y a pesar de la opinión que cada uno tenga sobre la guerra, todos sabemos que es horrible y trágica y que a Satanás le encanta ver cómo destruye la vida de las personas.

En cuanto a qué constituye una guerra justa, es tema de debate; la legítima defensa, ya sea personal o nacional, suele aceptarse como una razón justa para tomar las armas. Otros discrepan completamente, señalando la declaración de Jesús en el Sermón del Monte sobre poner la otra mejilla. Si bien todos podemos reconocer la sabiduría de la exhortación de «buscar la paz con todos y la santidad, sin la cual nadie verá al Señor» (Hebreos 12:14), debemos reconocer que los cristianos fieles tienen una visión diferente sobre el tema de la guerra nacional y la defensa personal. Es una conversación, sin duda, pero ciertamente no es un debate ni una discusión real.

Conversación once

Teologías reformadas vs. Arminianas

Existen dos teologías básicas vigentes en el cristianismo actual, ambas fundadas hace cuatrocientos o quinientos años:

A. Reformada

La Teología Reformada enfatiza la acción de un Dios soberano en la conversión y la santificación, donde la salvación se da sólo por la fe en Cristo. Reconoce que todos los que nacen de arriba (salvados) fueron determinados así antes de la fundación del mundo. Esta perspectiva se conoció en un principio como teología paulina, luego como teología Agustiniana y posteriormente, como Calvinismo, en honor al reformador del siglo XVI, Juan Calvino. Reformada es casi un sinónimo de calvinismo, pero no del todo.

B. Arminiana

La Teología Arminiana recibe su nombre del teólogo holandés del siglo XVII Jacobus Arminius, y enfatiza la cooperación de la persona con la provisión de Dios para la salvación en Cristo en su conversión. El acto de la voluntad humana de arrepentirse y creer es necesario para la salvación: Dios obra y el pecador obra y la salvación es el resultado. La gracia es la obra de Dios en la salvación; el arrepentimiento y la fe, aunque con la ayuda del Espíritu Santo, son algo de lo que el individuo es capaz.

C.   Viaje personal del Arminiano al reformado:

En 1995 pasé de ser un Arminiano de cinco puntos, al estilo de Charles Finney, a un Calvinista de dos puntos. Es una historia demasiado larga para contarla aquí, pero la versión corta es que me topé con el debate entre Asahel Nettleton y Finney que tuvo lugar durante el Segundo Gran Despertar de Estados Unidos, aproximadamente entre 1798 y 1835. Nettleton decía que si se proporcionaban medios para que una persona pudiera convertirse al cristianismo, es decir, mediante un llamado al altar y/o la recitación de la "oración del pecador" entonces habría falsas conversiones.[1] Después de veintinueve años en el ministerio profesional, llegar a esta comprensión me ayudó a explicar gran parte de lo que vi en mi enfoque evangelístico. Así, gradualmente, me acerqué a una teología reformada. Ya no digo "teología calvinista", ya que nunca he estudiado ningún sistema, por muy bíblicamente estructurado que esté, que no tenga algún defecto. Por el momento, reivindicaré 4,5 puntos en la llamada escala calvinista.

Mi punto de vista es que Dios es soberano y es su absoluta complacencia llamarnos a quienes estamos muertos en nuestros delitos y pecados a su Hijo Jesucristo mediante la obra de su Espíritu Santo. Quizás Efesios 2:4-5 lo dice todo: «Pero Dios, que es rico en misericordia, por su gran amor con que nos amó, aun estando muertos en nuestros delitos, nos dio vida juntamente con Cristo (por gracia sois salvos)». Y si eso no es sufici-

---

[1] Invitar a las personas a hacer una profesión pública de fe en Jesús es perfectamente bíblico. El problema radica en afirmar la salvación de todo aquel que se bautiza, se une a una iglesia o repite la oración del pecador.

ente, entonces vayan a Romanos 8:30: «Y a los que predestinó, a ésos también llamó; y a los que llamó, a ésos también justificó; y a los que justificó, a ésos también glorificó».

Cuando conocí la Teología Reformada, me enojé. Era incomprensible (¿y también me enorgullecía?) que la voluntad humana pudiera ser eludida. Después de un tiempo, me tranquilicé y la situación pasó de ser un debate candente a una conversación. En los últimos años, en realidad desde el año 2000 hasta la actualidad, el auge de los "nuevos calvinistas" ha llevado el asunto a un punto de división entre quienes toman partido, se aferran a sus posturas y se atrincheran.

La Iglesia Bautista de la Avenida Miller, de la que soy pastor, cuenta con una gran variedad de personas de diferentes teologías y debatimos libremente nuestras posturas. Los predicadores invitados van desde extremistas, arminianistas, dispensacionalistas hasta calvinistas de "diez puntos" y todo lo demás. Nuestra comunidad se basa en Jesús y no en sistemas teológicos. De vez en cuando presento mi propia perspectiva sobre la teología reformada, pero no insisto en la conformidad, sino que invitó al debate.

Nuestro Dios soberano, quien tiene todo bajo control independientemente de nuestras metodologías o teologías, obra para su beneplácito salvar a quienes Él ha predeterminado para la salvación en el tiempo, lugar y manera que Él elige.

Así que la conversación es donde pongo esto.

Conversación doce

Las mujeres en la Iglesia

En este tema, las palabras clave o de conflicto son *igualitarias y complementarias*. Desde mi perspectiva limitada, estamos hablando de una conversación, pero podría derivar en una discusión. ¡Qué triste sería!

En pocas palabras, igualitario es la idea de que hombres y mujeres son iguales en sus roles en el ministerio de la iglesia, mientras que complementario es la idea de que el rol dado por Dios a la mujer es apoyar el trabajo de los hombres en la iglesia.

A.　Complementarias

Este último se basa principalmente en versículos de los escritos de Pablo: 1 Timoteo 2:9-15 y 1 Corintios 14:34. En el primer pasaje, Pablo escribió: «No permito a la mujer enseñar ni ejercer autoridad sobre el hombre, sino que guarde silencio» (1 Timoteo 2:12). En el segundo, encontramos: «Que las mujeres guarden silencio en las congregaciones, porque no se les permite hablar, sino que estén sujetas, como también lo dice la ley» (1 Corintios 14:34).

B. Igualitarias

Puede parecer que los pasajes anteriores lo dicen todo, pero el igualitarista argumenta que Pablo simplemente responde a situaciones específicas en las iglesias donde era necesario restringir ciertas conductas. Otro argumento señala otras Escrituras que equilibran la balanza. Se puede apelar al profeta Joel, hablando del derramamiento pentecostal del Espíritu, quien declara que el Espíritu será derramado sobre toda carne: «vuestros hijos y vuestras hijas profetizarán» y «aun sobre los siervos y las siervas en aquellos días derramaré mi Espíritu» (Joel 2:28-29). A continuación viene Gálatas 3:28: «Ya no hay judío ni griego; no hay esclavo ni libre; no hay hombre ni mujer; porque todos sois uno en Cristo Jesús».

Además de lo anterior, hay pasajes en el Nuevo Testamento donde parece que las mujeres participaron directamente en el ministerio eclesiástico, especialmente junto al propio Pablo. Entre ellos se encuentran Hechos 18:26; Romanos 16:1, 3, 6, 7, 12 y 15. ¡Qué extraño sería que estas mujeres no influyeran en uno o dos hombres!

En mis más de cuatro décadas de ministerio pastoral, he visto a muchas docenas de mujeres vivir sus dones espirituales en las iglesias y los hombres se sintieron conmovidos por ello. Muchas iglesias en países en desarrollo dependen de los servicios de pastoras, ya que los hombres deben trabajar a tiempo completo simplemente para llevar comida a la mesa. Es difícil imaginar el ejercicio de un don espiritual sin palabras, ya sean habladas o escritas. Además, he visto a más hombres que mujeres sembrar el caos y la división en las iglesias locales.

Se ha sugerido que en algunas iglesias, Pablo sabía que la nueva libertad de las mujeres romanas se había extendido a la iglesia. Quizás la nueva libertad encontrada en Cristo y la recepción de dones espirituales fue problemática tanto para hombres como para mujeres. Estas ideas o conjeturas son en gran parte desconocidas, pero uno se pregunta.

Quienes nos inclinamos mayoritariamente por los igualitarios podríamos ser acusados de "pendiente resbaladiza". Esta acusación puede ser poco más que una forma engañosa de intimidación, pero históricamente, en ciertos casos, es una consideración válida.

En comparación con los cuatro debates principales expresados en la primera parte de esta segunda sección, es probable que el papel de la mujer en la iglesia no alcance el mismo estatus. Esperemos que siga siendo un tema de conversación.

Nota final

Los cuatro debates son líneas trazadas en la arena o grabadas en piedra: incontrovertibles. Aquí tomamos nuestra postura.

La Iglesia ha defendido vigorosamente sus verdades reveladas como parte de su ministerio evangélico mundial desde sus inicios y lo hará hasta su finalización.

La Iglesia se purificará a medida que se separe la semilla de la paja, especialmente en lo que respecta a los principales debates. Esto ha continuado durante mucho tiempo, generalmente debido a la persecución, la presencia de movimientos heréticos y la necesidad de cumplir el mandamiento de llevar el Evangelio a todas las naciones. La fuerza surge de la lucha, y aquello que realmente es la Iglesia se fortalece.

Sin embargo, las conversaciones presentadas en los doce capítulos anteriores podrían representar la mayor amenaza, a menos que los cristianos practiquen la política de aceptar estar en desacuerdo. No siempre es sencillo ni claro llegar a lo que es claramente bíblico; a menudo perdemos la perspectiva y la humildad, cualidades que deberían caracterizar a los seguidores de Jesús.

www.ingramcontent.com/pod-product-compliance
Lightning Source LLC
Chambersburg PA
CBHW030525080526
44586CB00011B/325